Horizonte
Geschichte für die Oberstufe

Begleitheft zur Vorbereitung
auf die schriftliche Abiturprüfung
in Niedersachsen 2011

erarbeitet von
Frank Bahr

westermann

Bildnachweis

akg images, Berlin: Titel o. li (AP), Titel u., 8 M5, 9 M6 + 13 M4 (L. Laecat). 12 M1, 15 M1, 20 M1, 55 M1
Associated Press, Frankfurt/M.: 42 M29
Baaske Cartoons, Müllheim: 77 M3 (F. Behrendt)
Bildarchiv Preußischer Kulturbesitz, Berlin: Titel o. re., 28 M7
dpa-Infografik, Hamburg: 50 M6, 61 M1, 66 M9
Haitzinger, H., München: 59 M9, 64 M5
Haus der Geschichte, Bonn/Peter Leger: 46 M1, 79 M6
imago, Berlin: 44 M32 (Enters)
LUFF, R. Henn, Hennweiler: 79 M7
Marcks, M., Heidelberg: 53 M11
Nikitiu, W.; St: Petersburg: 27 M5

Picture Alliance, Frankfurt/M.: 26 M1 (akg-images); 33 M14 (ITAR-TASS)
Prawda, Sept. 1979: 40 M26
SPIEGEL Verlag, Hamburg: 73 M19
Süddeutsche Zeitung Photo, München: 34 M17 (Rue des Archives)
ullstein bild, Berlin: 31 M12
Wiley/San Francisco Examiner: 51 M7
ZAHLENBILDER © Erich Schmidt Verlag, Berlin: 55 M2, 56 M32

alle übrigen Schaubilder und Karten:
Westermann Kartographie/Technisch Graphische Abteilung, Braunschweig

---

Eine kommentierte Linkliste finden Sie unter:
www.westermann.de/geschichte-linkliste

© 2009 Bildungshaus Schulbuchverlage
Westermann Schroedel Diesterweg Schöningh Winklers GmbH, Braunschweig
www.westermann.de

Das Werk und seine Teile sind urheberrechtlich geschützt. Jede Nutzung in anderen als den gesetzlich zugelassenen Fällen bedarf der vorherigen schriftlichen Einwilligung des Verlages. Hinweis zu § 52 a UrhG: Weder das Werk noch seine Teile dürfen ohne eine solche Einwilligung gescannt und in ein Netzwerk eingestellt werden. Dies gilt auch für Intranets von Schulen und sonstigen Bildungseinrichtungen. Auf verschiedenen Seiten dieses Buches befinden sich Verweise (Links) auf Internet-Adressen. Haftungshinweis: Trotz sorgfältiger inhaltlicher Kontrolle wird die Haftung für die Inhalte der externen Seiten ausgeschlossen. Für den Inhalt dieser externen Seiten sind ausschließlich deren Betreiber verantwortlich. Sollten Sie bei dem angegebenen Inhalt des Anbieters dieser Seite auf kostenpflichtige, illegale oder anstößige Inhalte treffen, so bedauern wir dies ausdrücklich und bitten Sie, uns umgehend per E-Mail davon in Kenntnis zu setzen, damit beim Nachdruck der Verweis gelöscht wird.

Druck A[1] / Jahr 2009
Alle Drucke der Serie A sind im Unterricht parallel verwendbar.

Redaktion: Andrea Schulz, Christoph Meyer, Dorle Bennöhr, Lisa Mros
Herstellung: Udo Sauter
Satz: PixelParc GmbH Mediendesign, Landau
Druck und Bindung: westermann druck GmbH, Braunschweig

ISBN 978-3-14-110970-2

Inhalt

1. Die Französische Revolution 4

1.1 Die Revolution als Einschnitt in der Geschichte 6
1.2 Die Herrschaft Napoleons 10
1.3 Mythos Napoleon 14
1.4 Identität und Erinnerung in Frankreich 19

**2. Die Sowjetunion –
Genese einer Weltmacht** 22

2.1 Die Geschichte der Sowjetunion 23
2.2 Sowjetische Außenpolitik 45

**3. Zusammenbruch der DDR und
deutsche Einheit** 54

3.1 Das Herrschaftssystem der DDR 55
3.2 Die Wende von 1989/90 60
3.3 Zwei Diktaturen in der deutschen Geschichte 75

Register 80

1. Die Französische Revolution

Thematische Aufbereitung in den HORIZONTEN

Die Französische Revolution und das Zeitalter Napoleons sind Gegenstand des Kapitels 1 im zweiten Band der HORIZONTE. Das komplexe Geschehen zwischen 1789 und 1815 wird in zwei längeren Abschnitten präsentiert, wobei der Staatsstreich Napoleons 1799 als Zäsur dient. Am 9. November 1799 – nach dem Revolutionskalender handelt es sich um den 18. Brumaire – ging die Revolution im engeren Sinne zu Ende. Mithilfe des Unterkapitels 1.1 können folgende Themen bearbeitet werden:
- der Mythos vom Sturm auf die Bastille
- die Krise des Ancien Régime
- die Ursachen der Revolution
- das Zusammenwirken der unterschiedlichen politischen Kräfte
- der Umbau der französischen Gesellschaft im Kontext der Verfassungen
- die Menschen- und Bürgerrechte
- die Jakobinerherrschaft
- die revolutionäre politische Kultur
- die Aktivitäten von Frauen im Revolutionsgeschehen
- die Rolle Napoleons als „Vollender und Überwinder" der Revolution.

Das Unterkapitel 1.2 thematisiert das sogenannte Zeitalter Napoleons (1799–1815). In diesem Zusammenhang stehen die direkten und indirekten Auswirkungen der Revolution auf Deutschland im Mittelpunkt. Im Einzelnen werden behandelt:
- das Scheitern der französischen Hegemonie über Europa
- die Modernisierung des Rechts
- die dauerhafte Neuordnung der deutschen Territorien
- die preußischen Reformen als Reaktion auf die Niederlage von 1806.

Eine stoffliche Vertiefung der Französischen Revolution kann mittels der HORIZONTE noch an anderen Stellen vorgenommen werden. Die Kapitel 3 („Restauration und Vormärz") sowie 4 („Die Revolution von 1848/49") weisen eine Vielzahl von Bezügen auf die Revolution auf. Der Rückgriff auf die HORIZONTE Bd. I, Kapitel 6.5, ist angezeigt, wenn es um die geistige Vorbereitung der Ideen von 1789 geht („Ideen des Parlamentarismus und der Aufklärung").

Verschiedene FRAGEN AN DIE GESCHICHTE lohnen herangezogen zu werden: „Warum war die Französische Revolution von so großer Bedeutung?" – Hier wird das Geschehen in einen größeren Zusammenhang eingeordnet. „Warum scheiterte Napoleons Versuch, eine Vorherrschaft in Europa durchzusetzen?" – Hier wird das europäische Mächtesystem thematisiert. Im Zusammenhang mit Napoleon ist ebenfalls die Fragestellung „Männer machen Geschichte? Oder was heißt ‚historische Größe'?" bedeutsam.

Auch zwei Exkurse eignen sich zur thematischen Anknüpfung im Zusammenhang mit der Französischen Revolution: „Menschenrechte in Geschichte und Gegenwart" sowie „Terrorismus".

Zusätzliche weiterführende Literatur

- *Lynn Hunt*, Symbole der Macht, Macht der Symbole. Die Französische Revolution und der Entwurf einer politischen Kultur, Frankfurt/Main 1989.
- *Eckart Kleßmann*, Napoleon und die Deutschen, Berlin 2007.
- *Wolfgang Mager*, Frankreich vom Ancien Régime zur Moderne. 1630–1830, Stuttgart 1980.
- *Pierre Nora* (Hg.), Erinnerungsorte Frankreichs, München 2005.
- *Ernst Schulin*, Die Französische Revolution, München 1988.
- *Johannes Willms*, Napoleon. Eine Biographie, München 2007.

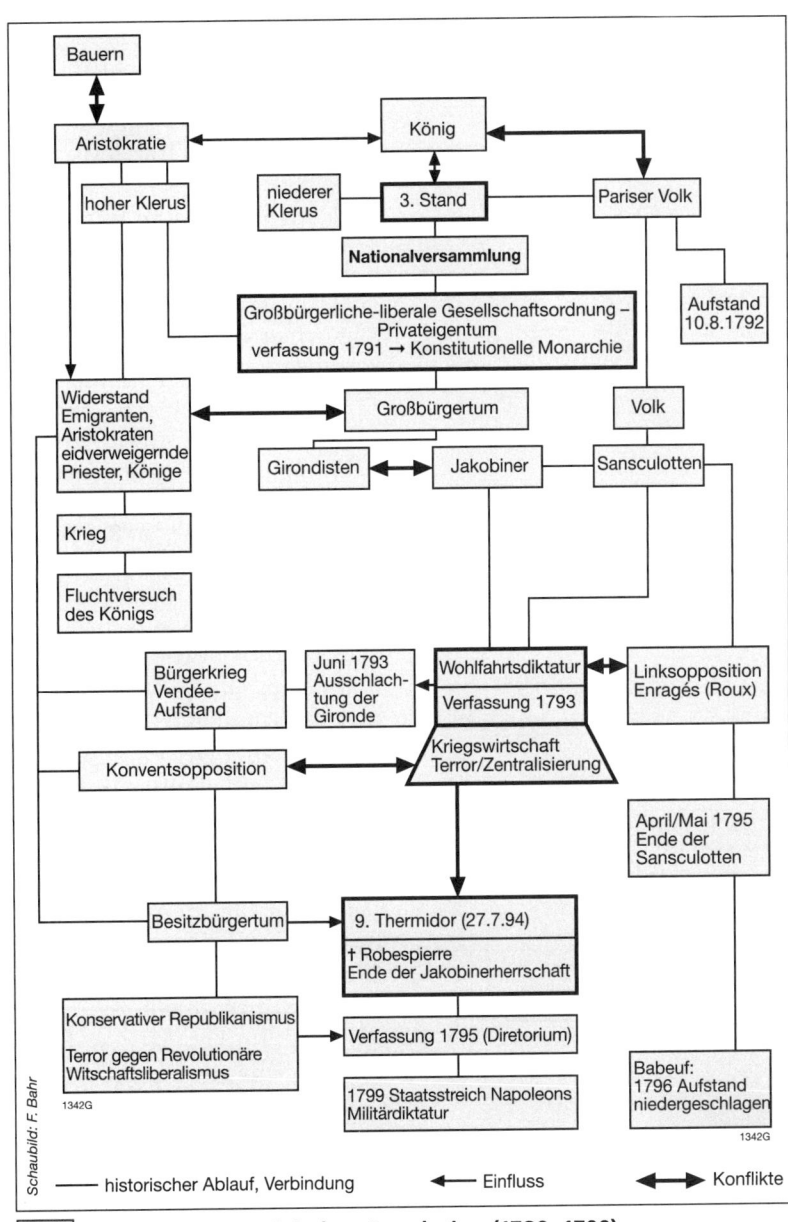

M 1 Verlauf der Französischen Revolution (1789–1799)

1.1 Die Revolution als Einschnitt in der Geschichte

Wendepunkt der Geschichte

Innerhalb der Historikerzunft besteht im Wesentlichen Einigkeit darüber, die Französische Revolution als tief greifenden Einschnitt in der Geschichte zu sehen. Es gehört zu den wichtigsten Aufgaben der Geschichtswissenschaft, den zeitlichen Ablauf zu gliedern. Die Periodisierung dient dazu, größere Zeiträume übersichtlich zu machen und gleichzeitig sinnvoll zu strukturieren. Zumeist wird erst mit zeitlichem Abstand erkennbar, welche Bedeutung einem Geschehen beigemessen werden muss. Bisweilen ist aber auch schon den Zeitgenossen bewusst, dass es sich um einen Wendepunkt in der Geschichte handelt: so 1789 oder – um ein aktuelles Beispiel anzufügen – 1989.

Im Umbruch von 1789 und in den darauffolgenden Jahren verdichteten sich jene Ereignisse, die auf eine Durchsetzung der bürgerlichen Gesellschaftsordnung hinausliefen: Die Vorherrschaft des Adels wurde gebrochen, Geburt und Abstammung verloren an Bedeutung, Tradition und Privilegien büßten ihre Macht zugunsten von Besitz und Bildung ein, bürgerliche Ideale setzten sich durch. Darum verwies ein Großteil der Historiker auf die Französische Revolution, wenn es galt, den Beginn der Neueren Geschichte zu fixieren.

Das traditionelle Periodisierungsschema „Altertum – Mittelalter – Neuzeit" wird heute in seiner allzu groben Struktur als überholt angesehen. Diese Dreiteilung sagt zudem nichts über die Inhalte der jeweiligen Epoche aus (zum Beginn der Neuzeit um 1500 siehe HORIZONTE, Bd. I, S. 259). Man sollte sich darüber im Klaren sein, dass Abgrenzungen auf der Zeitachse immer etwas Künstliches darstellen. Wenn also mit der Französischen Revolution das „Zeitalter des Absolutismus" endet und das „Bürgerliche Zeitalter" beginnt, dann bedeutet das keineswegs, dass es nach 1789 keine absolutistischen Strukturen mehr gegeben hat. Epochenzäsuren bleiben umstritten. In Übergangszeiten mischt sich Neues mit Altem. Die Schwierigkeiten der Periodisierung ergeben sich letztlich aus der Einmaligkeit und Unwiederholbarkeit des Geschehenen. Entgegen den Annahmen des Marxismus gibt es auch keine Gesetze, die die zukünftige Entwicklung determinieren bzw. festlegen.

Revolutionsepoche

Vieles spricht dafür, die Französische Revolution im Rahmen der Revolutionsepoche von 1750 bis 1850 zu betrachten. Dieses Jahrhundert wird charakterisiert durch die Doppelrevolution: zum einen durch die bürgerliche Revolution in der Sphäre der Politik, zum anderen durch die industrielle Revolution im Bereich der Wirtschaft. Beide Revolutionen sind auf vielfältige Weise miteinander verwoben. Gleichwohl ist mit Blick auf die Französische Revolution festzuhalten, dass diese nicht als Ergebnis der industriellen Revolution zu sehen ist. Im Vergleich zu England war Frankreich 1789 noch weit von der Schwelle zur Industrialisierung entfernt.

In diesem Jahrhundert – beginnend mit dem amerikanischen Unabhängigkeitskampf und auslaufend mit der Revolution von 1848/49 – wurden die Weichen für den modernen Staat gestellt. Schrittweise vollzog sich der Übergang von der ständisch geprägten zur bürgerlichen Gesellschaftsordnung, in der wir auch heute noch leben.

M2 Die Marseillaise

Das revolutionäre Kampflied von 1792 wurde nach einer wechselvollen Geschichte 1879 zur französischen Nationalhymne:

Auf, Frankreichs Söhne, auf die Warten!
Jetzt naht der Tag des ew'gen Ruhms.
Frech drohen uns die Blutstandarten
Mordgierigen Tyrannentums.
5 Brüllt nicht in Frankreichs schönen Gauen
Der feindlichen Soldaten Wut?
Ein jeder Herd ist rot vom Blut
Erwürgter Freunde, Kinder, Frauen!
Franzosen! Auf zum Kampf! Schart alle euch zum
10   Krieg!
Vorwärts! Durch Feindesblut bahnt euch den Weg
   zum Sieg!

Soll eine Horde fremder Sklaven
15 Uns frevelnd dem Verderben weihn?
Und sollen fortan unsre Braven
Durch Niedertracht gefesselt sein?
Ha! Welch ein Schimpf dem Vaterlande!
Wie bebt nicht ein Franzosenherz
20 Und zuckt in Wut und wildem Schmerz
Ob dieser ungewohnten Schande!
Franzosen! Auf zum Kampf! Schart alle euch zum
   Krieg!
Vorwärts! Durch Feindesblut bahnt euch den Weg
25   zum Sieg!

Nie tragen feile Söldnerscharen
Verhasstes Recht in unser Land –
Nein, stark in Stürmen und Gefahren,
30 Hält Frankreichs stolze Jugend stand!
Herrgott! Wir sprengen unsre Ketten
Und wollen mit bewehrter Hand
Dich, Frankreich, liebes Vaterland,
Vor niedrigen Despoten retten!
35 Franzosen! Auf zum Kampf! Schart alle euch zum
   Krieg!
Vorwärts! Durch Feindesblut bahnt euch den Weg
   zum Sieg!

40 Erbebt, Verräter! Bebt, ihr Wichte!
Ihr, aller Braven Schimpf und Hohn,
Erzittert vor dem Strafgerichte,
Wir zahlen euch den Sündenlohn.
Ganz Frankreich starrt in Wehr und Waffen,
45 Ein jeder spürt Soldatenkraft!
Und wird ein Held dahingerafft,
Wird unsre Erde neue schaffen.
Franzosen! Auf zum Kampf! Schart alle euch zum
   Krieg!
Vorwärts! Durch Feindesblut bahnt euch den Weg 50
   zum Sieg!

O stärke uns, du heil'ge Liebe
Zum Vaterland, im Rachestreit!
O Freiheit, herrlichster der Triebe, 55
Gib deinen Scharen das Geleit!
Der Sieg marschiert mit unsren Fahnen,
Wenn du uns mannhaft rufst zur Schlacht!
Und röchelnd sollen deine Macht
Die hingestreckten Feinde ahnen! 60
Franzosen! Auf zum Kampf! Schart alle euch zum
   Krieg!
Vorwärts! Durch Feindesblut bahnt euch den Weg
   zum Sieg!

Zit. nach: P. Hartig, Die Französische Revolution (Quellen- und Arbeitsheft), Stuttgart 1972, S. 42 f.

M3 Die Französische Revolution und die öffentliche Meinung

Der Historiker Eberhard Schmitt stellt Grundpositionen der Deutung dar:

Die Französische Revolution kennt keine verbindliche Deutung ihrer Ursachen, ihres Verlaufs und ihres Sinns, und es sieht so aus, als würde es dazu auch nicht kommen, jedenfalls nicht zu Lebzeiten dieser oder der nächsten Generation. 5
Das liegt ganz an ihrer Natur: Sie hat von Anfang an Bekenntnisse jeder Art erzeugt und provoziert, sie hat ihre „Konfession" – ähnlich wie in den Glaubenskriegen vergangener Zeiten – in und außerhalb Frankreichs mit Propaganda und 10 Gewalt durchgesetzt, sie hat Identifikationsmuster für Jünger, Gegner und Epigonen geschaffen, und diese Identifikationsmuster haben ihre Kraft großenteils bewahrt. Zwei Beispiele mögen diese Behauptung illustrieren. 15
Das erste Beispiel: Ende der Sechzigerjahre hatte ich Gelegenheit, in einem konservativ-katholischen Studienzentrum in Paris Gespräche über die Französische Revolution zu führen. Dort war man in ernster Gefasstheit und ohne Neigung zur 20 Diskussion der Auffassung, die schon der 1753 geborene savoyardische Staatsdenker Joseph de Maistre vertrat, dass nämlich die Revolution eine unmittelbare Ausgeburt der Hölle gewesen sei, eine Strafe der Vorsehung für die damalige Zeit 25 und ihre Sünden. Aus dem Übel der Revolution seien in der Folge alle weiteren Übel dieser Welt

erwachsen: der Liberalismus, der Sozialismus, das Freimaurertum und die Russische Revolution mit allen ihren Folgen.

Das zweite Beispiel: Als François Mitterrand am 10. Mai 1981 bei den Präsidentschaftswahlen gesiegt hatte, zogen seine Anhänger „zur Bastille", d. h. auf den Platz, auf dem einst die Bastille stand, die von den Revolutionären am 14. Juli 1789 eingenommen worden war, und feierten den Sieg. Für sie hatte der Wahlerfolg den gleichen symbolischen Wert wie einst für die Zeitgenossen von 1789 die Einnahme der Bastille.

Insofern ist die Französische Revolution keineswegs „beendet", wie der Historiker François Furet einmal gemeint hat. Beendet sind lediglich die Ereignisse. Aber die Französische Revolution wirkt weiter, sowohl im Bereich der „nackten Tatsachen" (etwa durch Abschaffung der grundherrlichen Rechte, u. a. durch die Ausweitung des Jagdrechts auf jedermann) als auch vor allem in den Köpfen: Das, was der Zeitgenosse um und nach 1789 von der Französischen Revolution glaubte, war oft himmelweit verschieden von dem, was sich wirklich ereignete, aber es war meist geschichtswirksamer als die einfache Realität. Ebenso ist das, was die Franzosen von der Französischen Revolution meinen, bis heute kulturell und politisch im Lande wirksamer als das, was die Forschung – sofern sie denn diesen Namen verdient – bis heute über sie herausgefunden hat.[1]

[1] siehe dazu auch Kapitel 3.4

E. Schmitt, Die Französische Revolution von 1789 – Grundpositionen der Deutung, in: ApuZ, Nr. 22/1989, S. 3.

M 4 Der neuzeitliche Revolutionsbegriff

Der Historiker Karl Griewank definiert im Folgenden den modernen Begriff der Revolution:

Sucht man nach einer für den Historiker brauchbaren Definition dessen, was in der Geschichte nach heutigem Wortverständnis eindeutig als „Revolution" zu bezeichnen ist, so wird man sich zunächst an ein einheitliches Erscheinungsbild halten. Man wird sich warnen lassen vor einer zu weiten Ausdehnung des Begriffs auf lange, ja Jahrhunderte währende Neugestaltungen. Ganz eindeutig ist der Name der Revolution bisher nur geworden für bestimmte geschichtliche Gesamtphänomene, in denen sich dreierlei verbindet: der stoßweise und gewaltsame Vorgang (Durchbruch, Umbruch) insbesondere in Bezug auf die Umwälzung von Staats- und Rechtsverhältnissen; weiter ein sozialer Inhalt, der in Gruppen- und Massenbewegungen, meistens auch in offenen Widerstandshandlungen derselben in Erscheinung tritt, und schließlich die ideelle Form einer programmatischen Idee oder Ideologie, die positive Ziele im Sinne einer Erneuerung, einer Weiterentwicklung oder eines Menschheitsfortschrittes aufstellt. Mag das eine oder andere dieser Elemente für spezielle Begriffsbestimmungen der Revolution entbehrlich sein, so bilden sie zusammen doch erst die „Revolution" im Vollsinne, die sich deutlich von der Fülle ständiger und schwer voneinander zu trennender Wandlungserscheinungen in der Geschichte abheben lässt.

K. Griewank, Der neuzeitliche Revolutionsbegriff, Frankfurt/Main 1969, S. 21 f.

M 5 **Abriss der Bastille** als Symbol des Ancien Régime 1789/1790, zeitgenössische Zeichnung

M 6 Napoleon verfasst den Code civil, Gemälde von 1833

M 7 Der Code civil

Der Code civil – seit 1852 Code Napoléon genannt – gilt vielen als die bedeutendste Leistung Napoleons. Mit den Soldaten gelangte das Zivilgesetzbuch in die besetzten Länder.

Die Franzosen verfolgten begeistert den Siegeszug ihrer Gesetze durch Europa, ihr Stolz darüber währte lange. Sie konnten nicht verstehen, dass im Ausland vorsichtig erste Klagen erhoben wurden. Und aus den Klagen wurden bald Schlachtrufe. Napoleon hätte sich nicht wundern dürfen, dass er Sturm erntete. Er selbst hatte das Gesetzbuch als eine Fortführung des Krieges mit anderen Mitteln konzipiert. Zu einem Zeitpunkt, als er im Inneren wohl geneigt war, die revolutionäre Dynamik abzumildern, verstärkte er sie so nach außen hin und setzte den Code wie einen Appell an die Völker und Stoß gegen die Fürsten ein. Den Code civil zu empfangen bedeutete die Abschaffung der feudalen Rechte, die Einführung von Erbteilung, Zivilehe und Scheidung.

[...] Sein Gesetzbuch war Ausdruck der philosophischen Ideen der Revolution, eine kalte Ableitung aus der Erklärung der Menschenrechte, ein Monument des Individualismus. Die Generalanklage des Individualismus wurde nur hin und wieder zu konkreten Vorwürfen differenziert, die man logischerweise erwarten konnte: übermäßige Vertragsfreiheit, Abschaffung aller intermediären [zwischen Staat und Bürger vermittelnden] Körperschaften, der Zünfte und Kirchen. Vor allem ging es um die Rechtsstellung der Familie, denn von dort drohte ein tödliches Gift in den französischen Volkskörper einzusickern. Der Code civil habe die Familie zerstört (nicht nur die großen Familien, sondern auch die Familien der mittleren Schichten). Er habe sie zerstört, weil er aus der Ehe einen Vertrag gemacht habe, einen zerbrechlichen Vertrag, der im wechselseitigen Einvernehmen aufgelöst werden kann, während die Familie doch auf Dauer angelegt sein müsse, weil sie die gesamte Gesellschaft angehe. Der Code civil habe sie zerstört, weil er durch die Herabsetzung des Volljährigkeitsalters (von 25 auf 21 Jahre) die väterliche Autorität untergraben und weil er die Testierfreiheit der Eltern ausgehöhlt habe. Aus diesen Ausführungen tritt uns ein Code Napoléon entgegen, den wir kaum wiedererkennen, weil wir allzu leicht vergessen, dass auch ein Greis einmal jung gewesen ist. Wir müssen jedoch den Code wieder in die Zeit der noch jungen Generäle zurückversetzen. Dann dürfte uns klar werden, dass er wie ein guter Rekrutenanwerber mehr auf die Söhne zielte als auf die Väter. „Der Sohn", heißt es in Artikel 374, „kann das Vaterhaus ohne Erlaubnis seines Vaters nicht verlassen, es sei denn, er will nach vollendetem achtzehntem Lebensjahr freiwillig in die Armee eintreten." Der freiwillige Eintritt in die Armee öffnete die Türen in die Welt, das war die Antwort der Jugend auf den Ruf des Flötenspielers.

J. Carbonnier, Der Code civil, in: P. Nora (Hg.), Erinnerungsorte Frankreichs, München 2005, S. 163 f.

1.2 Die Herrschaft Napoleons

Aufstieg unter dem Direktorium

Der Schweizer Historiker Jacob Burckhardt (1818–1897) schrieb einstmals: „Die Geschichte liebt es bisweilen, sich auf einmal in einem Menschen zu verdichten, welchem hierauf die Welt gehorcht." Das trifft auch auf Napoleon zu.

Der Aufstieg des korsischen Artillerieoffiziers innerhalb weniger Jahre zuerst an die Spitze des französischen Staates und dann zum Herrn über Kontinentaleuropa gehört zu den erstaunlichsten Karrieren der Geschichte. Napoleon Bonaparte profitierte dabei von den politischen Verwerfungen infolge der Französischen Revolution. Die Direktorialregierung, die dem Sturz der radikalen Jakobiner um Robespierre 1794 gefolgt war, kam aus der Krise nicht heraus. Politisch von links und rechts bedroht, belastet durch Misswirtschaft, Krieg und Währungsverfall, stand das Regime ständig am Rande des Staatsbankrotts.

In dieser Situation richteten sich die Blicke einiger Politiker – unter ihnen der Direktor Abbé Sieyès, Joseph Fouché (später Polizeiminister) und Charles Maurice de Talleyrand (später Außenminister Napoleons) – auf den überaus erfolgreichen Kommandeur der französischen Armee in Italien. Man erhoffte sich eine militärische Stabilisierung der Herrschaft. Das Kalkül, vom Charisma des Siegers zu profitieren, ging nicht auf. Denn Napoleon selbst verband seine Erfolge auf dem Schlachtfeld von Anfang an mit politischem Ehrgeiz. Dieser kam bereits in einer Äußerung aus dem Jahre 1797 zum Ausdruck: „Ich habe davon gekostet zu befehlen, und davon möchte ich nicht mehr lassen." Mit anderen Worten: Napoleon wollte keineswegs das Werkzeug in den Händen anderer sein.

Der 18. Brumaire

Die Initiativen mündeten bekanntlich im 18. Brumaire (9. November) 1799. Gestützt auf loyale Einheiten der Armee, gelang es Napoleon, unter tätiger Mithilfe seiner Brüder Joseph und Lucien, die amtierende Regierung zum Rücktritt zu bewegen. Die erzwungene Zustimmung der Legislative gab dem Staatsstreich eine legale Fassade. Tatsächlich gelang dieser ohne Blutvergießen, was für Napoleon eine wichtige Bedingung gewesen war. Ein angeblicher Umsturzversuch von Seiten der Jakobiner hatte als Vorwand für die illegale Machtergreifung gedient. Die Propaganda stellte Napoleon als Retter vor Chaos und Anarchie dar. Nur er schien ein Garant dafür zu sein, dass weder das radikale Jakobinertum noch die Monarchisten wieder an die Macht gelangten. Die bereits im Dezember 1799 proklamierte Konsulatsverfassung enthielt den berühmt gewordenen Satz: „Bürger! Die Revolution ist zu den Grundsätzen zurückgekehrt, von denen sie ausging; sie ist zu Ende." Das zentrale Anliegen der Französischen Revolution – die Durchsetzung der Volkssouveränität – wurde von Napoleon missachtet. Für ihn konnte die Macht nur „von oben" kommen. Er selbst war fortan als Erster Konsul alleiniger Inhaber der fast uneingeschränkten Macht der Exekutive. Die Volksvertretung spielte keine Rolle mehr. Auf eine „Erklärung der Menschenrechte" wurde gänzlich verzichtet. Es handelte sich also nur um die notdürftig verschleierte Diktatur eines einzelnen Mannes.

Gesellschaftspolitisch zielte die autoritäre Herrschaft Napoleons auf die Versöhnung des revolutionären Frankreich mit dem vorrevolutionären Frankreich des „Ancien Régime". Dabei standen die Besitzinteressen der Revolutionsgewinner im Mittelpunkt. Denn im Zuge der Revolution war der verstaatlichte Adels- und Kirchenbesitz teilweise zu Schleuderpreisen verkauft worden. Napoleon entsprach mit seiner Politik zum einen den Sicherheitsbedürfnissen der besitzbürgerlichen Gesellschaft. Andererseits bekannte sich das Regime zum revolutionären Grundsatz der Gleichheit vor dem Gesetz. Zur Befriedung der französischen Gesellschaft diente auch die Amnestie für adelige Emigranten. Allerdings erhielten die Rückkehrer keinen Anspruch auf ihr einstiges Eigentum. Auch die Aussöhnung mit der Kirche ließ sich Napoleon angelegen sein. Ein Konkordat mit dem Vatikan sicherte die Religionsfreiheit, machte die Kirche aber gleichzeitig zu einem Instrument im Rahmen der napoleonischen Herrschaftsinteressen. Die neue Gesellschaftsordnung von Napoleons Gnaden vereinte also konservative und revolutionäre Prinzipien. Sie war egalitär und hierarchisch, wobei Napoleon die uneingeschränkte Autorität zukam.

Kaiser der Franzosen

Wie sich schnell zeigte, waren Napoleons Bekenntnisse zur Republik rein taktischer Natur. Im Zusammenhang mit der Herrschaft eines Einzelnen stellt sich immer das Problem der Nachfolge: Napoleon strebte zügig die monarchische Transformation der Konsulatsverfassung an. Ihm ging es um die Begründung einer neuen Dynastie. Die Selbstkrönung 1804 begründete ein Kaisertum, das in sich widersprüchlich blieb. Die neue Verfassung beinhaltete die Erblichkeit der Kaiserwürde, gleichzeitig blieb aber die Republik erhalten. Die Formel lautete: „Napoleon, von Gottes Gnaden und aufgrund der Verfassung der Republik, Kaiser der Franzosen." Mit der Kaiserkrönung und der Salbung durch den Papst erhoffte sich Napoleon, die Anerkennung der legitimen Herrscherhäuser Europas zu finden. Aber letztlich handelte es sich um eine Symbolik, die mit der Republik nicht in Einklang zu bringen war. Im Rahmen der europäischen Adelsgesellschaft blieb Napoleon ein Emporkömmling und Außenseiter. Die Heirat mit der österreichischen Erzherzogin Marie-Louise diente dem Zweck, die fehlende Legitimität zu kompensieren. Nur so glaubte Napoleon, die von ihm angestrebte Universalmonarchie im Geiste Karls des Großen sichern zu können.

Das Napoleonische Zeitalter

Das Zeitalter, dem die Historiker Napoleons Namen gegeben haben, wurde durch eine Kette von Kriegen geprägt. Die Erfolge auf den Schlachtfeldern produzierten ein Charisma, von dem Napoleon zu seinen Lebzeiten zehrte und das auch nach seinem Tode nicht verblasste. Der Mythos von der Unbesiegbarkeit endete jedoch spätestens mit dem Russlandfeldzug 1812. Aber auch schon vorher hatte der „Mythos Napoleon" Risse erhalten. Was als „Befreiungskriege" propagandistisch verkauft wurde, das stellte sich in der Regel als Raubzug heraus. Den von Napoleon eroberten Territorien wurden hohe Kontributionen auferlegt. Sie mussten die Armee versorgen und selbst Soldaten für die sogenannte Grande Armée stellen. Viele Kunstwerke und Buchschätze fanden den Weg nach Paris. Im Unterschied zu den Revolutionskriegen ging es Napoleon kaum um „moralische Eroberungen", sondern um nüchterne Machtpolitik. Gleichwohl versuchte er, sich als Heilsbringer von Freiheit und Fortschritt zu stilisieren. Sein unbedingter Machtwille kannte grundsätzlich keine Grenzen. Er glaubte, im Einklang mit der „Vorsehung" zu handeln. „Mein Auftrag ist es, das Antlitz der Erde zu verändern […]", sagte er. Napoleons Absolutheitsanspruch machte ihn blind für die Realität. Folglich besaß er letztlich auch kein Konzept, mit dem er seine Siege auf den Schlachtfeldern in eine dauerhafte europäische Friedensordnung hätte ummünzen können. Napoleon unterschätzte jene Kräfte, die von der Selbstbestimmung der Völker ausgehen. In einem Gespräch mit dem österreichischen Staatsmann Klemens Wenzel Fürst von Metternich am 26. Juni 1813 sagte er: „Meine Herrschaft überdauert den Tag nicht, an dem ich aufgehört habe, stark und folglich gefürchtet zu sein." Genau so ist es letztlich gekommen.

Das Scheitern eines Mannes mit dem absoluten Willen zur Macht hätte manchem Diktator des 20. Jahrhunderts als Warnung dienen können.

M 1 **Napoleon auf dem St. Bernhard Pass,** Gemälde von J.-L. David, 1801

M2 Der Staatsstreich des 18. Brumaire 1799

In einer Ansprache rechtfertigt Napoleon seine Vorgehensweise:

„In welchem Zustand habe ich Frankreich verlassen und wie habe ich es wieder angetroffen! Ich gab euch den Frieden und fand bei meiner Rückkehr den Krieg vor! Ich hinterließ euch Eroberungen, und jetzt hat der Feind unsere Grenzen überschritten! Bei meiner Abreise waren die Magazine gefüllt, jetzt lässt sich keine einzige Waffe mehr in ihnen finden! Ich habe Millionen aus Italien herangeschafft, jetzt gewahre ich allenthalben nur erpresserische Gesetze und Elend! Unsere Kanonen sind verkauft worden, der Diebstahl wurde zum System! Das Staatsvermögen verschwendet! Jetzt greift man zu Zwangsmaßnahmen, die der Gerechtigkeit und dem gesunden Menschenverstand gleichermaßen zuwider sind! Man hat den Soldaten ohne alle Mittel gelassen, sich zu wehren! Wo sind die Tapferen, die hunderttausend mit Lorbeer bekränzten Kameraden, von denen ich mich verabschiedete? Was ist aus ihnen geworden? Dieser Zustand kann nicht länger andauern; binnen drei Monaten führte er unweigerlich zum Despotismus. Wir wollen aber die Republik, die auf den Grundsätzen der Gleichheit, der Moral, der bürgerlichen Freiheit und der politischen Toleranz ruht. Mittels einer guten Verwaltung werden alle Bürger die Parteiungen vergessen, denen sie sich anschließen mussten, damit es ihnen gestattet war, Franzosen zu sein. Es ist hohe Zeit, dass man endlich den Verteidigern des Vaterlands jenes Vertrauen erweist, auf das sie so viel Anspruch haben! Wollte man einigen Unruhestiftern Glauben schenken, dann wären wir alle Feinde der Republik, ausgerechnet wir, die wir durch unsere Anstrengungen und unseren Mut alles getan haben, um sie zu stärken. Wir kennen keine größeren Patrioten als die, die im Dienst an der Republik verstümmelt wurden."

Zit. nach: J. Willms, Napoleon, München 2007, S. 209 f.

M3 Prophezeiung

Der konservative britische Publizist Edmund Burke wagte 1790 einen Blick in die Zukunft:

Es ist bekannt, wie schwer es zu allen Zeiten gehalten hat, Armeen zu einem anhaltenden Gehorsam gegen bürgerliche Senate und Volksversammlungen zu bringen: Am wenigsten werden sie sich aber von einer Versammlung regieren lassen, die nie länger als zwei Jahre in ihrer Würde verbleibt. Der ganze militärische Charakter müsste verloren gehen, wenn Militärpersonen sich in schuldiger Ehrfurcht und schweigender Bewunderung das Kommando von Rednern gefallen lassen sollten, zumal wenn sie voraussehen, dass sie einer immer wechselnden Reihe dieser Redner, deren jedesmalige militärische Grundsätze und Operationen so unsicher als flüchtig sein müssen, den Tribut ihres Gehorsams zu leisten haben werden. Unter der Ohnmacht eines der Regierung und dem Schwanken aller andern Teile werden sich die Offiziere dieser Armee eine Zeitlang mit einzelnen Empörungen und Meutereien begnügen, bis irgendein allgemein beliebter General, der die Kunst versteht, den Soldaten zu fesseln, und der den wahren Geist eines militärischen Befehlshabers besitzt, es dahin bringen wird, aller Augen auf sich allein zu richten. Diesem werden die Armeen aus persönlicher Ergebenheit gehorchen. Keine andere Art von Gehorsam ist in dieser Lage der Sachen vom Soldaten zu erwarten. Von dem Augenblick aber, da dies geschehen wird, muss der Mann, der die Armee wirklich kommandiert, auch Meister alles Übrigen werden; er muss Herr (so wenig dies auch sagen will) des Königs, Herr der gesetzgebenden Versammlung, Herr der ganzen Republik sein.

E. Burke, Betrachtungen über die Französische Revolution, Frankfurt/M. 1967, S. 307 f.

M4 Napoleon auf dem Rückzug 1814, zeitgenössisches Gemälde

1.3 Mythos Napoleon

Ein moderner Mythos

Das griechische Wort „Mythos" bedeutet so viel wie „Wort" oder „Rede". So nennt man Erzählungen aus der Frühzeit der Menschheit, die uns heute oft rätselhaft erscheinen. Sie beinhalten Aussagen über die „letzten Dinge": vom Werden und Vergehen der Schöpfung im Allgemeinen und des Menschen im Besonderen. Sie spiegeln eine religiöse bzw. vorwissenschaftliche Sicht von der Welt.

Mythologische Erzählungen folgen ihrer eigenen Logik, die sich den Regeln moderner Wissenschaft entzieht. Die Gesetze von Raum und Zeit gelten hier nicht. Somit entziehen sich Mythen der wissenschaftlichen Überprüfung ihres Realitätsgehaltes. Das heißt aber nicht, dass sie sinnlos oder veraltet sind. Vielmehr reflektieren Mythen die Konfrontation der Menschheit mit unverstandenen Mächten. Sie sind also Teil der kollektiven Erinnerung.

Mit Bezug auf Napoleon lässt sich von einem modernen Mythos sprechen, weil er seine Mit- und Nachwelt in seinen Bann gezogen hat. Der Philosoph Hegel sprach vom „Weltgeist zu Pferde". Auf Napoleons Person haben sich Emotionen gerichtet, die das rationale Urteil beeinträchtigten. Ohne Zweifel besaß Napoleon das, was die moderne Soziologie „Charisma" nennt – also eine außerordentliche Begabung für eine Führungsrolle. Charisma (wörtlich: Gnadengabe) zielt als Begriff auf Menschen mit einer ungewöhnlichen Macht und Ausstrahlung, was der Legendenbildung Vorschub leistet. Modernen Mythen haftet etwas Unrealistisches und Falsches an. Sie sollten daher einer kritischen Durchleuchtung unterzogen werden.

Despot oder Freiheitsheld?

Die Französische Revolution brachte eine enorme Bewegung in die europäische Politik und spaltete die Gesellschaften. Sie fand eine leidenschaftliche Anhängerschaft, stieß aber auch auf massiven Widerstand. Auch Napoleon polarisierte die Zeitgenossen, wobei die Reaktionen von den Erfahrungen mit der französischen Herrschaft abhingen. Die Kette militärischer Erfolge und der rasche Aufstieg an die Spitze der Macht ließen Napoleon zum Objekt der Heldenverehrung werden. Naturgemäß geschah dies in Frankreich eher als in den besiegten Ländern. Gleichwohl machte die Napoleon-Begeisterung an den Grenzen nicht halt. Napoleon selbst verstand viel von „Öffentlichkeitsarbeit" im modernen Sinne und bediente die Sehnsüchte vieler Zeitgenossen nach Identifikation mit einem Sieger. Schon zu Lebzeiten Napoleons wurden Vergleiche mit Alexander, Caesar und Augustus angestellt. Die Polarisierung – Halbgott hier, Satan dort – war auch typisch für die deutschen Reaktionen. Vor allem im Norden Deutschlands, wo sich aufgrund der Kontinentalsperre mit dem Namen Napoleons die Einquartierungen von Soldaten, Plünderungen, wertloses Geld und Verarmung verbanden, war die Wirkung eher negativ. Der preußische Napoleonhass fand im Süden und in den Rheinbundstaaten aber keine Entsprechung. Hier wirkten die Parolen von der „Befreiung von der Knechtschaft" anders. Hier gab es keinen Mangel an Bewunderern. Viele Liberale begrüßten das neu eingeführte Gesetz: den Code civil. Rechtliche Gleichstellung, Judenemanzipation, Aufhebung von Privilegien und Kirchenmacht und Beseitigung der Kleinstaaterei galten vielen als positive Errungenschaften der Revolution, denen Napoleon Geltung verschafft hatte.

Der Nachruhm Napoleons resultierte nicht zuletzt auch aus der tiefen Enttäuschung, die die deutschen Patrioten nach den restaurativen Beschlüssen des Wiener Kongresses (1814/15) befiel. Die Hoffnungen, die sich mit den anti-napoleonischen Befreiungskriegen verbunden hatten, blieben unerfüllt.

Der Code civil war zielgerichteter Bestandteil der napoleonischen Strategie, die Herzen der Besiegten zu gewinnen. Aber der Zwiespalt blieb: Die französische Besatzung gewährte zwar vorher nicht gekannte Freiheitsrechte, aber sie wurde eben als Fremdherrschaft empfunden. Anders in Frankreich: 1840 ließ die französische Regierung den Leichnam Napoleons von der Atlantikinsel St. Helena nach Paris überführen und mit größten Ehrungen im Invalidendom beisetzen.

M 1 **Napoleon entsteigt seinem Grab,** Grafik nach einem zeitgenössischen Gemälde

M2 Napoleon und die Deutschen

Der Historiker Eckart Kleßmann untersucht die zwiespältigen Wirkungen des großen Franzosen auf die Deutschen:

Zwischen 1800 und 1815 hatten die Deutschen mit dem Namen Napoleon vorwiegend negative Eindrücke verbunden: Teile Deutschlands waren Schlachtfelder gewesen; die Bevölkerung lernte die unmittelbaren Kriegslasten mit Verwüstung und Plünderung ebenso kennen wie die oft unerträglichen Belastungen durch die Einquartierung der französischen Sieger und ihrer Verbündeten; die Konskription bedeutete Zwangsverpflichtung für den Kriegsdienst und die Interessen des fremden Kaisers. Die Kontinentalsperre und die französischen Schutzzölle brachten der deutschen Wirtschaft mehr Belastungen als Vorteile, und willkürlich erhobene Sondersteuern (in Hamburg z. B. sogar auf Türen und Fenster) machten die Menschen arm. Und über allem lag das dichtgesponnene Netz der französischen Geheimpolizei und ihrer deutschen Spitzel.

Diese negativen Erinnerungen verloren sich nach Napoleons Tod zwar nicht aus dem Gedächtnis, aber immer mehr wurde jetzt, nach den Aufgeregtheiten der Kriegsjahre, vielen bewusst, wie viel sie andererseits doch auch Napoleon zu verdanken hatten:

Er befreite die deutschen Staaten aus einer vielfach noch intakten mittelalterlichen Ordnung und ersetzte diese durch den modernen Verwaltungsstaat, wie wir ihn heute kennen. Er gab den Menschen die Freizügigkeit und die Gleichheit vor dem Gesetz, repräsentiert durch unabhängige Richter und Schwurgerichte.

Er führte die Zivilehe ein, befreite die Bauern von Leibeigenschaft, Adelsprivilegien und dem Zehnten der Kirche, schaffte die antiquierte Zunftordnung des Handwerks ab und gab den Juden die Gleichberechtigung. Das bedeutete für sie Freizügigkeit, Niederlassungsfreiheit und Gewerbefreiheit. Von nun an standen Juden alle Berufe offen. Soldaten durften fortan nicht mehr von ihren Vorgesetzten misshandelt und mit demütigenden Strafen entehrt werden, man musste nicht länger von Adel sein, um Offizier oder General werden zu können. Zwar wurde der Code Napoleon nur im Großherzogtum Berg, im Königreich Westfalen und im Großherzogtum Baden verbindlich, aber die Rechtsprechung erfuhr eine durchgreifende Vereinfachung, und die Verfahren wurden erheblich beschleunigt. Die generelle Einführung des Dezimalsystems konnte zwar unter Napoleon nicht mehr durchgesetzt werden wie beabsichtigt, aber es war sein Erbe, als es – entsprechend der Vereinheitlichung von Münzen, Maßen und Gewichten – 1871 im Deutschen Reich verbindlich wurde. Übrigens beabsichtigte Napoleon für das von ihm konzipierte Europa unter seiner Führung eine neue, überall gültige Einheitswährung. Neue große Straßen nach modernen Bauverfahren sind allerdings nur dem linksrheinischen Gebiet zugute gekommen. […]

Aber er war ein Diktator! Zweifellos. Nur dass in den ihn bekämpfenden Staaten nicht demokratisch gewählte und demokratisch handelnde Regierungen herrschten, auch nicht in England, sondern gekrönte Alleinherrscher, die für die von ihnen verantworteten Kriege nie zur Rechenschaft gezogen werden konnten, schon darum nicht, weil sie ganz am Ende dann als Sieger hervorgingen und Europa wieder ihre restaurierte Ordnung aufzwangen. In ihren Staaten gab es weitaus weniger Freiheit als in Napoleons Herrschaftsbereich, das mussten die 1814 von fremder Okkupation befreiten Deutschen sehr schnell feststellen, als das Rad eilig wieder zurückgedreht wurde. Und das bekamen nicht nur die Juden zu spüren, denen nun zunehmend feindlich begegnet wurde. Die Wiederherstellung der alten abgelebten Verhältnisse haben die wenigsten Deutschen begrüßt, aber sie konnten die Restauration auch nicht verhindern. Der Hass auf die Franzosen ging in Hamburg so weit, selbst völlig vernünftige Bestimmungen aus der Besatzungszeit sofort abzuschaffen, nur weil sie von der französischen Verwaltung eingeführt worden waren. Wer dagegen Einspruch erhob, wurde als Kollaborateur diffamiert. Doch es ist keine Frage: Die Deutschen begriffen schon bald, dass sie Napoleon viel zu verdanken hatten. Anders hätte der nach 1821 einsetzende Kult um den Kaiser kein Fundament gehabt.

E. Kleßmann, Napoleon und die Deutschen, Berlin 2007, S. 279 ff.

M3 Napoleons Botschaft

Der Kulturwissenschaftler Johannes Willms erzählt in seiner Napoleon-Biografie, wie dieser seinen Nachruhm sichern wollte.

Eine weitere Botschaft des „Evangeliums" von Sankt Helena lautete, die Völker Europas, die sich gegen das Joch der Könige aufbäumten, hätten in Napoleon ihren Anwalt gefunden. Er, der die Revolution vollendet und überwunden habe, stilisierte sich nun zum „Messias der Völkerfreiheit". Keineswegs leugnete Napoleon, dass er im Zenit seiner Macht erwogen hatte, nicht nur Europa, sondern die ganze Welt zu erobern und seiner universalen Diktatur zu unterwerfen. Jetzt war dergleichen aber nicht mehr das Ziel, sondern lediglich eine notwendige Zwischenstation auf dem Weg zu einer Neuordnung Europas nach nationalstaatlichen Gesichtspunkten. Gegenwart und Vergangenheit, Revolution und Ancien Régime, die legitimen Rechte und Ansprüche der Völker wie ihrer Könige und Fürsten habe er zu einer neuen gesellschaftlichen, politischen und territorialen Synthese formen wollen. Er, behauptete Napoleon, sei dazu bestimmt gewesen, diese gewaltigen Veränderungen ins Werk zu setzen und die „europäische Neuordnung", jetzt das ideale Ziel seines imperialen Wollens, zu vollenden. Dem ließ sich dann alles subsumieren [unterordnen], was er unternahm, ohne dass dem gläubigen Leser des Vermächtnisses auch nur der Schatten eines Zweifels streifte. So habe er mit seiner europäischen Hegemonialpolitik nichts anderes bezweckt, als eine europäische Konföderation der geeinten und nationalstaatlich organisierten Völker: „Eine meiner größten Absichten war der Zusammenschluss, die territoriale Konzentration der einzelnen Völker, die durch Umwälzungen oder die Politik auseinander gerissen oder verstreut wurden. Man zählt in Europa, wenngleich verteilt, mehr als dreißig Millionen Franzosen, fünfzehn Millionen Spanier, fünfzehn Millionen Italiener und dreißig Millionen Deutsche. Aus jedem dieser Völker wollte ich jeweils eine in sich geschlossene Nation formen. Wie schön wäre es gewesen, mit einem derartigen Gefolge und mit dem Segen der kommenden Jahrhunderte Einzug in die Nachwelt zu halten. Dieses Ruhmes fühlte ich mich durchaus würdig!" Napoleon als selbstloser Geburtshelfer der historischen Notwendigkeit. Das war die Rolle, die er sich für seinen Nachruhm zurechtrückte.

J. Willms, Napoleon. Eine Biographie, München 2007, S. 683.

M 4 „Ungeheuer tiefer Eingriff"

Der Historiker Dieter Langewiesche über Napoleon-Begeisterung und Franzosen-Hass:

SPIEGEL: Herr Professor, im Herbst 1804 besuchte Napoleon Aachen. Die Deutschen – so berichtet ein Chronist – empfingen ihn begeistert. Sie „spannten sogar die Pferde des Wagens des Kaisers aus und zogen den Wagen durch die Straßen". Was war der Grund für diese Napoleon-Manie?

Langewiesche: Napoleon galt damals als die Veränderungskraft überhaupt. Er trat mit einem Programm zur Umgestaltung Europas an. Das erzeugte in Deutschland eine riesige Aufbruchstimmung.

SPIEGEL: Und hat Napoleon die Erwartungen erfüllt?

Langewiesche: Seine Vorhaben waren schon revolutionär. Er hat den Code Napoleon eingeführt. Juden und andere Minderheiten, Arme oder Reiche – vor dem Gesetz waren danach alle gleich. Jeder durfte – zumindest theoretisch – jeden Beruf ausüben, konnte Gewerbe betreiben, ohne den Zünften anzugehören, was bis dahin den Zugang extrem erschwerte. Alles revolutionäre Maßnahmen, auch wenn die Umsetzung Zeit brauchte. Mit dem Code Napoleon entstand die bürgerliche Eigentümergesellschaft, in der wir heute leben.

SPIEGEL: Inwiefern?

Langewiesche: Es gab vorher kein Eigentum, wie wir das kennen. Die Bauern – das waren die meisten Menschen – besaßen das Land nicht, sondern bearbeiteten es nur. Nun durften sie es erwerben, auch wenn ihnen zunächst das Geld dazu fehlte.

SPIEGEL: Aber Napoleon hat den Code Napoleon nur in den – von Frankreich annektierten – Gebieten westlich des Rheins eingeführt.

Langewiesche: Nein, in modifizierter Form galt er auch in Rheinbund-Staaten wie Bayern, Baden oder Westfalen, die von Napoleons Gnaden abhängig waren. Und dort lebten die meisten Deutschen. Selbst in Preußen war Napoleons Einfluss zu spüren, denken Sie etwa an die Einführung der allgemeinen Wehrpflicht nach französischem Vorbild.

SPIEGEL: Was änderte sich noch für die Deutschen unter Napoleon?

Langewiesche: Das Heilige Römische Reich Deutscher Nation bestand damals aus über tausend staatenähnlichen Gebilden. Viele fanden das ineffizient, Napoleon auch. Er hat die politische Landschaft daher neu organisiert. 1815 gab es nur noch knapp 40 Staaten, Millionen Deutsche bekamen auf einmal neue Herren.

SPIEGEL: Wer waren die Hauptgewinner dieser Reform?

Langewiesche: Der württembergische König, der bayerische König, der badische Großherzog, denn sie haben ihre Gebiete enorm vergrößert und die Zahl der Untertanen vervielfacht. Die Größe der süddeutschen Bundesländer heute geht auf Entscheidungen Napoleons zurück.

SPIEGEL: Und wer waren die Verlierer?

Langewiesche: Vor allem die katholische Kirche. Geistliche Fürstentümer wurden beseitigt, Klöster aufgelöst, der Kirchenbesitz entschädigungslos enteignet. Die weltlichen Fürsten verpflichteten sich nur zu regelmäßigen Dotationen an die Kirche; daraus wurde später die Kirchensteuer. Für die Menschen im Umkreis der betroffenen Besitzungen erwies sich die Säkularisierung als Katastrophe. Die kirchlichen Herren waren potente Auftraggeber für das Handwerk, sie haben Krankenhäuser und Schulen unterhalten, die jetzt der Staat übernehmen musste, was oft erst nach Jahren funktionierte.

SPIEGEL: Sie sehen Napoleon sehr positiv, als großen Modernisierer. Dabei dienten doch alle Reformen nur dem Ausbau seines Imperiums.

Langewiesche: Das stimmt, ändert aber nichts daran, dass er den Raum frei gemacht hat für große Veränderungen, etwa im Staatsapparat. Vielerorts entstanden moderne Verwaltungen, mit Ressorts, einem Minister und klar geregelten Kompetenzen. Das kommt uns heute nicht aufregend vor. Damals war das ein ungeheuer tiefer Eingriff.

SPIEGEL: Weil vorher Chaos herrschte?

Langewiesche: Das zu sagen wäre unfair. In der Ständegesellschaft waren Bauern, Handwerker, Knechte Diener vieler Herren: der Kirche, der adligen Grundbesitzer, der Städte. Nun bekam der moderne Staat – also die Verwaltung – direkten Zugriff auf den Einzelnen. Damals wurde in die Wege geleitet, was für uns selbstverständlich ist: über Gesetze, Steuern und vieles andere in einer unmittelbaren Beziehung zum Staat zu stehen.

SPIEGEL: Ab 1808 flachte die Napoleon-Begeisterung der Deutschen deutlich ab. Überforderten die Veränderungen die Menschen?

Langewiesche: Ja, aber vor allem bekamen die Menschen zu spüren, dass Napoleons Regime auch eine Ausbeutungsherrschaft war. Der Kaiser hat Geld rausgepresst; unter der Kontinentalsperre – dem Handelsboykott gegen England – litten viele, und vor allem brauchte Napoleon Soldaten. Hunderttausende Deutsche sind von seinen Feldzügen nicht zurückgekehrt. [...]

SPIEGEL: Zehntausende begeisterten sich 1813 für den Freiheitskampf gegen Napoleon und forderten einen deutschen Nationalstaat. Woher kam die nationale Euphorie auf einmal?

Langewiesche: Vorsicht, die allermeisten dachten wirklich nicht in nationalen Kategorien, sondern rebellierten gegen die Belastungen.

SPIEGEL: Bestreiten Sie, dass es eine Nationalbewegung gegeben hat?

Langewiesche: Nein, aber sie war zu dieser Zeit noch kein Massenphänomen. Die Französische Revolution hatte vor allem bei der Intelligenz für die Verbreitung einer Nationsidee in Deutschland gesorgt, wie es sie vorher nicht gegeben hatte. Dazu kamen Erfahrungen militärischer Niederlagen, etwa der Preußen bei Jena und Auerstedt 1806. Die Nationalismusforschung hat gezeigt, dass am Anfang der Nationsbildung immer die Demütigung steht, die man von einem anderen erfährt. Man konstituiert sich dann, entwickelt Selbstbewusstsein gegen die fremde Macht, die man als Gefahr für die eigene Nation ansieht, in diesem Fall eben Frankreich.

SPIEGEL: Resultiert daraus der Frankreich-Hass, den man bei den Propheten der deutschen Nationalbewegung wie dem „Turnvater" Friedrich Jahn oder dem Dichter Moritz Arndt („Ich will den Hass gegen die Franzosen, ich will ihn für immer.") beobachten kann?

Langewiesche: Den Intellektuellen, damals Stimme der Nation, war die Abgrenzung zu Frankreich wesentlich. Hass auf das Fremde ist allerdings keine deutsche Besonderheit, sondern Nationen entstehen immer im Kontrast zu anderen. Übrigens giften auch viele Engländer gegen Frankreich.

SPIEGEL: Dann führt also kein Weg vom überschäumenden Nationalismus der Befreiungskriege zur Pervertierung des nationalen Gedankens unter Hitler?

Langewiesche: Nein. Und man darf auch nicht die ganze Nationalbewegung diskreditieren. Manche sahen in Frankreich durchaus ein demokratisches republikanisches Vorbild.

SPIEGEL: Die Gebildeten haben viel veröffentlicht. Woher wissen Sie eigentlich, wie die einfachen Leute dachten?

Langewiesche: Wir haben Tagebücher und Briefe von Bayern ausgewertet, die am Russland-Feldzug teilnahmen. Da findet sich überhaupt nichts von Napoleon- oder Frankreich-Feindschaft. Die Menschen hatten kein nationales Feindbild. Viele empfanden sich zudem nicht als Deutsche, sondern als Bayern oder Sachsen. Als einer der Tagebuchschreiber, der den Rückzug der Grande Armée überlebte, Bayern erreichte, sank er nieder und dankte Gott – nicht vorher, als er erstmals wieder deutsches Gebiet betrat.

SPIEGEL: Also keine immerwährende Erbfeindschaft von den Napoleonischen Kriegen bis zum Ersten Weltkrieg?

Langewiesche: Nein. Da ist die deutsche Nationalgeschichte nach der Reichsgründung 1871 von frankophoben[1] Historikern wie Heinrich von Treitschke umgeschrieben worden.

[1] abgeleitet von Phobie = krankhafte Angst

Interview: Karen Andresen, Klaus Wiegrefe, aus: Der Spiegel, Nr. 49/2004.

1.4 Identität und Erinnerung in Frankreich

„Erinnerungsorte"

An „Erinnerungsorten" vergegenwärtigt sich die Vergangenheit. Dieser Begriff („lieux de mémoire"), der von der französischen Geschichtswissenschaft geprägt wurde, umfasst keineswegs nur Orte im geografischen Sinne. Gemeint sind nicht nur die klassischen Symbole, wie z. B. die Fahne (Trikolore), Hymne (Marseillaise) und Nationalfeiertag (14. Juli), vielmehr bezieht sich der Erinnerungsort auch auf Personen, Bauwerke, Vorkommnisse, Texte, Lieder, in denen sich das nationale Gedächtnis verdichtet. Erinnerungsorte haben einen gemeinschafts- und sinnstiftenden Charakter. Für Frankreich besitzen z. B. das Schloss von Versailles, die Gräber von Verdun und die Kathedrale von Reims als Krönungsort der französischen Könige, aber auch Nationalfiguren wie Marianne und Jeanne d'Arc eine solche symbolische Funktion. Vor allem ist es die Französische Revolution, die aus heutiger Sicht den mit Abstand wichtigsten Erinnerungsort darstellt. Erinnerungsorte ermöglichen die Aneignung des historischen Erbes. Sie bedienen somit ein Bedürfnis nach Identifikation.

Die Erinnerungskulturen in Frankreich und Deutschland weisen erhebliche Unterschiede auf. Die deutsche Geschichte im 20. Jahrhundert wird nicht nur durch zwei Diktaturen und die vierzigjährige Teilung des Landes geprägt, sondern auch durch zwei entfesselte Kriege sowie den Zivilisationsbruch der Judenvernichtung. Eine solche Vergangenheit bedeutet eine Last. Im Vergleich zu der historisch gebrochenen Identität der Deutschen weist Frankreich ein viel höheres Maß an Kontinuität auf. Den historischen Brüchen in Deutschland steht in Frankreich die Einheit von Staat und Nation gegenüber, wie sie im Zuge der Französischen Revolution geschaffen wurde. Der selbstbewussten Etikettierung Frankreichs als „grande nation", als Verkörperung von Freiheit und bürgerlicher Gleichheit, steht ein Deutschland gegenüber, das als „verspätete Nation" und als „Drittes Reich" in die Geschichte eingegangen ist.

Das Gedenken polarisiert

Bei genauerer Betrachtung zeigt sich, dass aber auch Frankreich keineswegs eine ungebrochene Identität besitzt. Zwar akzeptieren heute alle Parteien das Erbe der Französischen Revolution und den Republikanismus, aber das Gedenken an die Französische Revolution offenbart eine gespaltene Nation. Die Feiern zum zweihundertsten Jahrestag der Französischen Revolution 1989 bedeuteten zunächst ein Medienereignis ersten Ranges: Über 600 Bücher, diverse Staatsakte und 6000 Veranstaltungen zeugten davon. Eine große Mehrheit der Franzosen akzeptiert die Ereignisse von 1789 als Geburt der Nation und begrüßte die Feierlichkeiten. Das Fest bot aber auch Anlass für eine heftig geführte Kontroverse darüber, was eigentlich erinnert werden sollte: eine Revolution, die als Aufbruch in die Moderne inszeniert wurde, oder eine Revolution, die einen Massenmord verursachte? Die bewertende Einordnung hing von der Zugehörigkeit zu unterschiedlichen politischen Lagern ab, wobei das liberale Erbe mit den Menschen- und Bürgerrechten noch weitgehend konsensfähig war. Die Polarisierung der französischen Öffentlichkeit zeigte sich darin, dass nicht nur des 14. Juli 1789 gedacht wurde. Dieses Datum symbolisiert den Sturm auf die Bastille und den Sturz der Despotie – der Tag wurde 1880 zum Nationalfeiertag erhoben. Unter dieser allgemein akzeptierten Oberfläche eröffnete sich die Erinnerung an die jakobinische Schreckensherrschaft („le terreur"), an die Opfer der Guillotine und an den Massenmord in der Vendée (im südwestlichen Frankreich), wo eine antirevolutionäre Volksbewegung vernichtet wurde. Auch die napoleonische Kriegs- und Eroberungspolitik zählt in der Folge der Französischen Revolution durchaus zu deren zweideutigem Erbe.

Das Gedenken an die vielen Opfer der Revolution offenbarte einen Zwiespalt der französischen Nation, obgleich eine große Mehrheit der Franzosen (75%) der Revolution mit positiven Gefühlen begegnet. Wenngleich nicht ohne Risse, so bildet gegenwärtig die Französische Revolution die Basis für das Zusammengehörigkeitsgefühl der Franzosen, das heißt ihrer geschichtlichen Identität.

M1 **Die Freiheit führt das Volk an.** Das die Julirevolution von 1830 thematisierende Gemälde von Eugène Delacroix gilt als bedeutendstes Revolutionsgemälde des 19. Jahrhunderts.

M 2 Die Schule des Republikaners

Die Politikwissenschaftlerin Marieluise Christadler untersucht die Revolutionsfeiern 1989:

Spätestens seit dem Thermidor, dem Sturz Robespierres im Juni 1794, datieren der manipulative Umgang mit den gedenkwürdigen Ereignissen und die „Mumifizierung" der Revolution. Die Jubiläen von 1889 und 1939 waren pädagogische Veranstaltungen, deren Aufgabe darin bestand, die nicht ins Bild passenden revolutionären Peinlichkeiten zu übertünchen und die Staatsbürger auf den nationalen Zusammenhalt und die Verteidigung der Republik einzuschwören.

Schon Robespierre hatte das Fest als einen „bedeutsamen Teil der öffentlichen Erziehung" betrachtet und ihm „die Weckung großherziger Gefühle, die Liebe zum Vaterland und die Achtung der Gesetze" zum Ziel gesetzt. [Der damalige Ministerpräsident] Jules Ferry nahm diese Konzeption auf, als er 1889 „Eintracht und Befriedung" zum Leitmotiv der Hundertjahrfeier erklärte, und der letzte Präsident der III. Republik, Albert Lebrun, führte bei der Hundertfünfzigjahrfeier 1939 diese Tradition fort, indem er die Franzosen beschwor, sich „unter den Falten der Fahne zusammenzuschließen". [...]

Dass der vielzitierte Konsens trotzdem Sprünge aufweist, zeigt u. a. das Beispiel Robespierres. Als die Gemeindevertretung von Thionville auf Antrag des kommunistischen Bürgermeisters und Senators Paul Souffrin beschlossen hatte, den Theaterplatz der Stadt zu Ehren des Revolutionärs umzubenennen und mit dessen Büste zu schmücken, erhob sich ein Sturm der Entrüstung, der Politiker und Bürger in zwei Lager spaltete. Während die einen in dem „Unbestechlichen" „das Symbol des Kampfes für soziale Gleichheit und Menschenrechte" sehen, verurteilen ihn die anderen als „blutrünstigen Tyrannen" und „Vorfahren der Stalins, Hitlers und Ayatollahs" [hohe schiitische Geistliche].

M. Christadler, 200 Jahre danach: Die Revolutionsfeiern zwischen postmodernem Festival und republikanischer Wachsamkeit; in: ApuZ, Nr. 22, 1989, S. 25 und 28.

M 3 Die Erhebung zum Nationalsymbol

Der Historiker Erich Pelzer behandelt die Umdeutung von Ereignissen zu Mythen:

Der Mythos der Erstürmung der Bastille am 14. Juli 1789 gilt allgemein und im Besonderen in Frankreich als das Paradebeispiel einer revolutionären Staatsgründung. Zugleich ist die politische Kultur im Mutterland der Revolution seit dem emphatischen Gründungsakt von 1789 geradezu mit Mythen durchsetzt. Das ganze 19. Jahrhundert ist davon erfüllt, und nachhaltige Spuren der revolutionären Gründungsmythen haben sich im Alltag und in der politischen Praxis bis heute erhalten: die nationale Revolutionsparole: „Liberté, Égalité, Fraternité", die Nationalflagge: die Trikolore, der 14. Juli als Nationalfeiertag, die Nationalhymne: die Marseillaise. Alle vier sind wesentliche Elemente der republikanischen Nationalsymbolik, die nicht unmittelbar und durchgängig den historischen Tatsachen der Revolutionszeit entspricht, sondern zu wesentlichen Teilen das Ergebnis kollektiver Deutungen, Stilisierungen und Mystifizierungen darstellt. Sie wurden erst 90 Jahre später, nachdem sich die Dritte Republik nach innen und außen konsolidiert hatte, 1879/1880 offiziell zu nationalrepublikanischen Symbolen erhoben. Daraus folgt, dass sich ihre identifikations- und konsensstiftende Kraft mit großer sozialer Reichweite erst entfalten konnte, als die Leitbilder aus der Revolution faktisch wie moralisch noch eindeutiger, noch heroischer, noch einzigartiger dargestellt wurden, als sie es tatsächlich gewesen waren. [...]

Ähnlich verhält es sich mit der berühmten Revolutionsdevise „Freiheit, Gleichheit, Brüderlichkeit". Sie kann nur bedingt, entgegen der hartnäckigen Überzeugung vieler Franzosen und Historiker, als das politische Vermächtnis der Revolution gelten. Wohl tauchte diese berühmte Trias in den Anfangsjahren zwar gelegentlich auf, aber sie blieb zunächst gegenüber dem gemäßigten Wahlspruch „La Nation – La Loi – Le Roi" und ab 1793 gegenüber der radikalrevolutionären Losung „Liberté, Égalité ou la Mort" hoffnungslos in der Minderheit. Erst die allmählich fortschreitende Republikanisierung Frankreichs im Lauf des 19. Jahrhunderts, wesentlich getragen von den Republikanern der 1848er Revolution und den laizistischen Volksschullehrern der frühen Dritten Republik, verhalf ihr zum Durchbruch, wobei die Betonung jetzt eindeutig auf „Fraternité" lag. Dieser ernüchternde Befund trifft auch auf die personifizierte Verkörperung der Republik, die Marianne, zu, die trotz der Jakobinermütze, die sie zu tragen pflegt, erst in der 1830er Revolution ihre volle Wirksamkeit entfaltete. Die Marianne entstand und entwickelte sich zunächst als Allegorie, bevor sie in Form von Büsten und Gemälden die Rathäuser der Provinz eroberte.

E. Pelzer, 14. Juli 1789 – Geschichte und Mythos eines denkwürdigen Tages; in: W. Krieger (Hrsg.), Und keine Schlacht bei Marathon. Große Ereignisse und Mythen der europäischen Geschichte, Stuttgart 2005, S. 205 und 208.

2. Die Sowjetunion – Genese einer Weltmacht

Thematische Aufbereitung in den HORIZONTEN

Das Thema „Die Sowjetunion" wird im 13. Kapitel des zweiten Bandes der HORIZONTE behandelt. Nach einem Rückblick auf das 19. Jahrhundert sowie auf die Revolution von 1905 steht zunächst die sogenannte Oktoberrevolution mit der bolschewistischen Machtergreifung im Mittelpunkt. Über die Festigung der Alleinherrschaft informiert das Kapitel 13.2. Auch das Verhältnis von Leninismus und Marxismus wird thematisiert. Die Merkmale des Stalinismus, der dem Land seinen Stempel aufgedrückt hat, sind Gegenstand des Kapitels 13.3. „Die Sowjetunion nach Stalin" (Kapitel 13.4) schließt sich an. Hier finden sich Darstellungen und Quellen zum politischen System, zu seiner ökonomischen Funktionsweise sowie zur ideologischen Absicherung. Der „Außenpolitik der UdSSR" ist das Kapitel 13.5 gewidmet. Es ermöglicht einen kursorischen Überblick vom Beginn des „Revolutionsexports" mittels der Kommunistischen Internationalen bis zum Zusammenbruch bzw. Zerfall der UdSSR 1991.

Es erscheint sinnvoll, auch das Scheitern des Staates bzw. des ihm zugrunde liegenden Gesellschaftskonzeptes zu behandeln. Das Kapitel 13.6 („Das Ende der Sowjetunion") bezieht sich schwerpunktmäßig auf die „Perestroika"-Politik des sowjetischen Präsidenten Gorbatschow. Was die Ausbreitung des Kommunismus sowie die damit verbundenen Konflikte betrifft, so kann auch auf Kapitel 14 in HORIZONTE, Bd. 2, zurückgegriffen werden. Das Kapitel 14.1 behandelt u. a. die „Weltpolitik im Rahmen der Ost-West-Beziehungen" (bis 1991). Wenn auch die westliche Perspektive vorherrscht, so können doch einige Quellen sinnvoll eingesetzt werden. Ferner sei auf Kapitel 12.1 verwiesen: „Das Scheitern einer gemeinsamen Besatzungspolitik". Hier findet man unter anderem das Referat von Andrej Shdanow über die „Weltlage aus sowjetischer Sicht" (M12).

Folgende FRAGEN AN DIE GESCHICHTE lohnen sich, herangezogen zu werden:
- „Männer machen Geschichte?" Oder was heißt „historische Größe?"
- „Wie wird mit Bildern Politik gemacht?"
- „Warum gehen große Reiche unter?" (in HORIZONTE, Bd. 1)

Zusätzliche weiterführende Literatur

Siehe auch HORIZONTE, Bd.2, S. 610.
- *Anne Applebaum,* Der Gulag, Berlin 2003.
- *Jörg Baberowski,* Der Rote Terror. Die Geschichte des Stalinismus, München 2003.
- *Orlando Figes,* Die Tragödie eines Volkes. Die Epoche der Russischen Revolution von 1891–1924, Berlin 1998.
- *ders.,* Die Flüsterer. Leben in Stalins Russland, Berlin 2008.
- *Gerd Koenen,* Utopie der Säuberung. Was war der Kommunismus?, Berlin 1998.
- *Simon Sebag Montefiore,* Stalin. Am Hof des Roten Zaren, Frankfurt/M. 2005.
- *Meinhard Stark,* Frauen im Gulag. Alltag und Überleben 1936–1956, München 2005.

2.1 Die Geschichte der Sowjetunion

Machtergreifung durch die Bolschewiken

Mit der Geschichte der Sowjetunion verbindet sich eine der größten menschlichen Katastrophen des 20. Jahrhunderts.

Die Tragödie begann, als im gesellschaftlichen Zerfallsprozess als Folge des Ersten Weltkriegs die kleine, straff geführte und zu allem entschlossene Partei der Bolschewiki die Macht an sich riss. Die Entmachtung des Zaren in der Februarrevolution 1917 hatte zu keiner Stabilisierung der politischen bzw. wirtschaftlichen Verhältnisse geführt. Im Gegenteil: Die zentrifugalen Kräfte im Vielvölkerstaat hatten zugenommen, die Versorgungslage hatte sich verschlechtert. Die hilflos agierende Provisorische Regierung litt unter Autoritätsverlust und verlor zusehends die Kontrolle über das Land. Die Bolschewiki machten sich die sozialen Unruhen auf dem Lande zunutze, riefen die Soldaten zur Desertion und Befehlsverweigerung auf und festigten ihre Macht in den Fabriken von Moskau und Petrograd. Letztlich instrumentalisierten sie die sich bildenden Sowjets (Räte) der Arbeiter und Soldaten für ihre Zwecke. Mit der bewusst irreführenden Parole „Alle Macht den Sowjets" erweckten sie den Anschein basisdemokratischer Ausrichtung. Diese Sowjets, die dem Land ab 1922 seinen Namen geben sollten, wurden nur insoweit geduldet, als sie bolschewistische Mehrheiten besaßen. Was später als „Große Sozialistische Oktoberrevolution" gefeiert und verherrlicht wurde, nahm sich nach den Berichten von Augenzeugen entschieden weniger spektakulär aus. Der 25. Oktober 1917 (7. November nach gregorianischer Zeitrechnung) blieb in seiner Bedeutung zunächst fast unbemerkt: ein Putsch in Zeiten allgemeiner Mobilisierung und politischer Erregung.

Immer wenn eine politische Ideologie die Schöpfung eines „neuen Menschen" proklamiert, fließt Blut – und dies nicht nur im übertragenen Sinne. Die Bolschewiki – wie später auch die Maoisten in China – unterwarfen die Bevölkerung ihres Landes einem groß angelegten Experiment. Sie setzten sich zum Ziel, das rückständige Agrarland in kürzester Zeit zu industrialisieren. Sie verstanden sich als Akteure in „heiliger" weltgeschichtlicher Mission, dazu berufen, diese Aufgabe gegen alle Widerstände durchzusetzen. Sie betrachteten sich als Vollstrecker einer historischen Gesetzmäßigkeit. Bereits im Dezember 1917 wurde die Tscheka gegründet: die „Außerordentliche Kommission zur Bekämpfung der Konterrevolution, Sabotage und Spekulation". Die Geschichte der Sowjetunion ist geprägt von exzessiver Gewalt, die unmittelbar nach der Oktoberrevolution einsetzte, ihren Höhepunkt zwischen 1936 und 1938 erreichte und die erst nach Stalins Tod 1953 nachließ. Der Massenterror – vor allem der Stalin-Zeit – steht bis heute ganz im Schatten der nationalsozialistischen Gewaltverbrechen. Dachau, Buchenwald und Auschwitz kennt (fast) jeder in Deutschland, aber Workuta oder Kolyma sind weitgehend unbekannt. Hinter der Ideologie der „Diktatur des Proletariats" verbarg sich der bedingungslose Machterhalt der Partei im Allgemeinen und ihrer Spitze im Besonderen. Das Proletariat bzw. die Arbeiterklasse dienten nur als rhetorisch-propagandistischer Vorwand für eine Partei, die sich als „Avantgarde" (Vorhut) verstand – hervorgegangen aus Berufsrevolutionären. Ihr vorrangiges Instrument waren die Organe der Staatssicherheit – in den Dreißigerjahren das NKWD (Volkskommissariat des Inneren). So wurde eine Gesellschaft im permanenten Ausnahmezustand geformt. Vor allem der Stalinismus bereitete den Boden, auf dem eine hysterische Entlarvung von „Abweichlern", „Parteifeinden", „Schädlingen", „antisowjetischen Elementen" und „Konterrevolutionären" betrieben wurde. Jeder noch so geringe Verdacht konnte die physische Vernichtung nach sich ziehen. In der Stalin-Zeit – insbesondere zwischen 1929 und 1953 – war Stalins Wort Gesetz. Selten hat es in der modernen Geschichte einen Diktator gegeben, der in so exzessiver Weise Herr über Leben und Tod war. Und das nicht nur hinsichtlich der sowjetischen Gesellschaft als Ganzer, sondern auch im engsten Kreis seiner Helfer und Vertrauten.

Das Ziel der politischen Akteure – Lenin, Stalin und deren Verbündete – bestand in der Schaffung einer homogenen „neuen Gesellschaft". Dazu war die Zerschlagung gewachsener Strukturen und die Vernichtung gesellschaftlicher Vielfalt Voraussetzung. Dieser Großversuch, aus einem Vielvölkerreich eine Gesellschaft bestehend aus „sozialistischen Menschen" zu formen, endete im totalitären Wahn. Gleichwohl hat diese „Befreiung der Menschheit" in der ganzen Welt eine begeisterte Gefolgschaft gefunden. Selbst in Kenntnis der Verbrechen hieß es allzu oft und rechtfertigend, Opfer seien eben auf dem Altar des Fortschritts hinzunehmen.

Stalinismus

Bis heute gibt es keine unstrittigen Zahlen hinsichtlich der politisch zu verantwortenden Opfer des Sowjetstaates. Das liegt an der unzureichenden Quellenlage. Die Experten für sowjetische Geschichte rechnen mit 15 bis 30 Millionen Opfern, wobei nach jüngsten Untersuchungen die letztgenannte Zahl als zu hoch gegriffen sein dürfte. Allein im Terrorjahr 1937 ließ das stalinsche Regime 700 000 Menschen ermorden; 1,3 Millionen wurden in Konzentrations- bzw. Arbeitslager verschleppt. Als gesichert kann gelten – so hat es die amerikanische Publizistin Anne Applebaum recherchiert –, dass zwischen 1929 und 1953 18 Millionen Menschen die Lagerwelt (den „Gulag") durchlaufen haben. Nicht gezählt sind dabei die sechs Millionen Verbannten – in der kasachischen Wüste und sibirischen Taiga. Nicht gezählt sind die Millionen von politisch gewollten Hungertoten als Folge der Zwangskollektivierung Anfang der Dreißigerjahre. Ihnen wird heute vor allem noch in der Ukraine gedacht. Und nicht gezählt sind auch die vielen Opfer vor 1929.

Am Ende stand ein Regime, in dem der Marxismus-Leninismus zur Rechtfertigungsideologie erstarrt war und in dem sein Anspruch, die beste aller Welten zu repräsentieren (das sogenannte „Sowjetparadies") an Glaubwürdigkeit eingebüßt hatte. Die wirtschaftlichen Erfolgsmeldungen standen im Widerspruch zu den Alltagserfahrungen mit ihren täglichen Versorgungsengpässen. Ein dichtes Netz von Kontrollen blieb auch nach Stalins Tod über dem Land ausgebreitet, wobei offene Kritik von Dissidenten mit Gefängnis, Verbannung und „Behandlung" in psychiatrischen Kliniken geahndet wurde. Auch nach dem Zerfall der Sowjetunion sind die mentalen Auswirkungen und kollektiven Prägungen nicht verschwunden. Konformismus und Anpassungsbereitschaft überdauern die Wende von 1991.

Chronologie

1903	Lenin gründet als Splittergruppe die Bolschewistische Partei.
1917	Februar-Revolution, Sturz des Zaren
1917	Oktober-Revolution, die Bolschewisten erringen nach einem Militärputsch in Petersburg die Macht.
1918	Ausrufung der Russischen Sowjetrepublik und Beginn des Bürgerkrieges
1922	Gründung der UdSSR
1924	Nach Lenins Tod kommt es zu innerparteilichen Kämpfen, aus denen Stalin als Sieger hervorgeht. Trotzki muss das Land verlassen.
1929	Stalin beginnt mit der Verstaatlichung der Landwirtschaft und der Industrialisierung des Landes.
1934	Stalin zementiert seine Alleinherrschaft. Den „großen Säuberungen" fallen Millionen Menschen zum Opfer.
1939	Hitler-Stalin-Pakt: Daraus resultiert die Annexion Ostpolens, der Westukraine und des westlichen Weißrusslands. Angriff auf Finnland und Ausschluss aus dem Völkerbund
1945	Auf der Konferenz von Jalta erkennen Churchill und Roosevelt die Westgrenze der Sowjetunion an.
1949	Erster sowjetischer Atomwaffentest, Gründung der DDR und der Volksrepublik China.
1952	Neuorganisation der Partei und Umbenennung in Kommunistische Partei der Sowjetunion (KPdSU)
1953	Stalin stirbt.
1955	Gründung des Warschauer Paktes unter der Führung der Sowjetunion
1956	Nikita Chruschtschow verurteilt Stalin in einer Geheimrede, und die Rehabilitierung der Opfer der Säuberungsaktionen beginnt.
1962	Kuba-Krise: Die Stationierung von sowjetischen Raketen auf Kuba führt zu einer Seeblockade der USA.
1964	Leonid Breschnew stürzt Chruschtschow und wird Generalsekretär der KPdSU.
1968	Beendigung des „Prager Frühlings" durch Truppen des Warschauer Paktes. Durchsetzung der Breschnew-Doktrin.
1971– 1979	Die Sowjetunion unterstützt kommunistische Bewegungen in zahlreichen Ländern, darunter Angola, Äthiopien und Nicaragua.
1982	Breschnew stirbt. Auf ihn folgen in kurzem Abstand Juri Andropow und Konstantin Tschernenko.
1985	Michail Gorbatschow wird neuer Generalsekretär.
1986	Beginn von Glasnost und Perestroika: vorsichtige Reformen von Partei und Gesellschaft.
1987	Erster größerer Abrüstungsvertrag mit den USA über knapp 3 000 Mittelstrecken-Atomraketen.
1990	Gorbatschow wird Staatspräsident und schafft die Alleinherrschaft der KPdSU ab. Aufsplitterung in Reformer und konservative Kommunisten
1991	Boris Jelzin wird zum Präsidenten Russlands gewählt. Rücktritt Gorbatschows, Auflösung des Warschauer Paktes und Gründung der Gemeinschaft Unabhängiger Staaten (GUS).

M1 Eröffnung der ersten Reichsduma am 10. Mai 1906.
Zar Nikolaus II. mit Zarin Alexandra und Zarinmutter Maria Fjodorowna bei der Eröffnung der Reichsduma.

M2 Autokratisches Herrschaftssystem

Die politischen Verhältnisse unter dem Zaren beleuchtet der Politikwissenschaftler Hansgeorg Conert:

Den spätfeudalen sozialen Verhältnissen entsprach die Gestalt der staatlichen Herrschaftsordnung. Bis 1905 war Russland absolute Monarchie („Selbstherrschaft" der Zaren). Die Einrichtungen lokaler Selbstverwaltungen (Semstwos), die neben den Organen der zentralisierten Staatsbürokratie bestanden und Hort des russischen Liberalismus waren, erfuhren 1890 und 1892 Einschränkungen ihrer Wirkungsmöglichkeiten. Die Bildung überregionaler Parteien und Gewerkschaften wurde nicht zugelassen; es gab keine verfassungsmäßig verbrieften Bürgerrechte.
Als Folge der Revolution von 1905 wurde Russland zur halbkonstitutionellen Monarchie. 1906 wurde erstmals auf Reichsebene ein parlamentarisches Organ, die Duma, gebildet. Aber: Der Zar konnte sie jederzeit auflösen oder gegen ihre Entscheidungen ein Veto einlegen, die Regierung wurde vom Zaren ernannt und war der Duma nicht verantwortlich, zwei Drittel der Staatsausgaben waren dem Budgetrecht [Haushaltsrecht] der Duma entzogen, ihre Gesetze wurden erst nach Zustimmung des Oberhauses rechtskräftig, dessen Mitglieder zur Hälfte vom Zaren ernannt wurden.
Das Wahlrecht zur Duma war zwar allgemein, aber indirekt, ungleich und öffentlich. Nach dem 1907 oktroyierten Wahlrecht kam ein Wahlmann auf: 230 Großgrundbesitzer, 1000 reiche Bürger, 15000 Kleinbürger, 60000 Bauern und 125000 Arbeiter. 1906 verkündeten einige „Grundgesetze" eine Reihe von Bürgerrechten, die jedoch nach 1907 („Stolypinsche Reaktion") in der exekutiven und juridischen [rechtlichen] Praxis ständig verletzt wurden. Im Ganzen blieb die zaristische Selbstherrschaft somit unangetastet.

H. Conert, Der Kommunismus in der Sowjetunion, Frankfurt/M. 1971, S. 19

M3 Ursachen der sozialen Revolution in Russland

Der Geschichtswissenschaftler Karl-Heinz Schlarp sieht in der ökonomischen Rückständigkeit eine Ursache der Revolution:

Mit der Aufhebung der Leibeigenschaft waren die Probleme der russischen Agrarordnung erst in ihrem ganzen Ausmaß sichtbar geworden und wirkten sich neben anderen Faktoren am stärksten hemmend auf die wirtschaftliche Expansion aus. Die Bauern hatten zwar die persönliche Freiheit, aber zu wenig eigenes Land erhalten. Loskauf, Pacht und Kauf von zusätzlichem Land führten zu hoher Verschuldung und neuer Abhängigkeit. Abhängig blieben die Bauern auch durch die Zusammenfassung in der Dorfgemeinde (obščina), der das Eigentumsrecht an Grund und Boden übertragen wurde und die für alle steuerlichen und sozialen Verpflichtungen ihrer Mitglieder solidarisch haftete. Wirtschaftlich gesehen war die Obščina ein ausgesprochenes Hemmnis. Sie hatte zwar eine in Russland verbreitete Fürsorgefunktion und sollte offene Arbeitslosigkeit verhindern, erschwerte aber die private Initiative und damit die Anwendung rationeller Bewirtschaftungsmethoden. Durch die periodische Umverteilung des Gemeindelandes begünstigte sie unter anderem ein ungewöhnliches Bevölkerungswachstum, das zu einer ständigen Verkleinerung der Landanteile und so zur weiteren Verschlechterung der Produktivität führte. Seit 1861 erlebte Russland eine ländliche Bevölkerungsexplosion, an der die industrielle Revolution, noch bevor sie richtig begonnen hatte, zu ersticken drohte. Bis 1913 hat sich die Einwohnerzahl des gesamten Reiches mehr als verdoppelt.
Folgenschwer wirkte sich unter diesen Umständen zusätzlich aus, dass ungeachtet der Landnot fast drei Viertel des bebauten Landes auf adlige

Großbetriebe entfiel, staatliche Förderungsmaßnahmen hauptsächlich den wohlhabenderen Bauern zugute kamen und der Überschuss an landwirtschaftlichen Arbeitskräften nicht von der Industrie aufgefangen werden konnte. Die Masse der rückständigen Kleinbauern, die kaum den eigenen Bedarf decken konnte, reduzierte die Kapitalbildung und die Nachfrage – für den Aufbau einer Industrie die ausschlaggebenden Faktoren – auf ein Minimum. Auf der anderen Seite war die junge russische Industrie noch gar nicht in der Lage, die zur Steigerung der Produktivität notwendigen Ausrüstungsgüter zu liefern.

Das System der raschen und einseitigen Industrialisierung, ihre Konzentration in wenigen modernen Mammutunternehmen um Petersburg, Moskau und im Donezgebiet und die ungezügelten Methoden frühkapitalistischer Ausbeutung hatten in den Zentren des Reiches ein zahlenmäßig kleines, aber klassenbewusstes und leicht organisierbares Proletariat hervorgebracht, das zum Kristallisationspunkt der revolutionären Bewegung wurde. Der entscheidende Hebel für den Erfolg der russischen Revolution war jedoch die Masse der Bauern, die am stärksten der Verelendung preisgegeben war. In einer vorwiegend agrarischen Gesellschaft wurden die nichtproletarischen Massen zum natürlichen Verbündeten der organisierten Arbeiterschaft, der die revolutionäre Führungsrolle zukommen musste. Der Verlauf der Revolution von 1905 ließ daran keinen Zweifel.

K.-H. Schlarp, Revolution und ökonomische Rückständigkeit. Die russische Revolution als Modellfall. In: I. Geiss / R. Tamchina, Ansichten einer künftigen Geschichtswissenschaft 2, München 1974, S. 110 ff.

M 4 Die russische Gesellschaft im Krieg

Der Krieg beschleunigte den Zerfall der russischen Gesellschaft und schuf – wie der Russland-Experte Dietrich Geyer betont – die Voraussetzungen für die Radikalisierung:

Die Menschenverluste waren gewaltig: Bis Februar 1917 zählte man um die acht Millionen Tote, Verwundete, Vermisste und Gefangene. Das wieder wettzumachen, konnte kaum gelingen. Ein hoher Prozentsatz des aktiven Offizierskorps war schon im ersten Kriegsjahr verloren gegangen; ein qualifizierter Reserveoffiziersstand, der die Lücken hätte füllen können, war nicht vorhanden; und die neu eingezogenen Mannschaften, von denen das Heer Monat für Monat etwa 350 000 Leute verschlang, rückten immer schlechter ausgerüstet und oft kaum ausgebildet in die Frontabschnitte ein. Überdies konnten die schweren Verluste an Material nicht ausreichend ersetzt werden. Die russische Industrie wurde erst 1916 unter großen Anstrengungen dazu gebracht, mit den wachsenden Bedürfnissen des Millionenheeres leidlich Schritt zu halten; Rohstoffmangel, Transport- und Versorgungsschwierigkeiten nahmen schlimme Formen an. Die Finanzsituation des Staates war hoffnungslos; für 1916 hat man die Kriegskosten auf 40 Millionen Rubel täglich geschätzt. Es blieb ohnehin erstaunlich, dass die russische Militärmaschine trotz aller Rückschläge und Einbußen bis zum Ende der Monarchie im Ganzen ungebrochen weiterlief.

Hinter der Front war die Not, namentlich in den Städten und Industriezentren, schon frühzeitig spürbar geworden. Lebensmittelknappheit, vor allem aber rapide steigende Preise lasteten schwer auf der Bevölkerung, den niederen Schichten zumal. Kriegsmüdigkeit und Niedergeschlagenheit, Gleichgültigkeit und Verzweiflung breiteten sich aus, die in Unruhe und Aufruhrbereitschaft umschlagen konnten, sobald Gerüchte oder Losungen die Massen ergriffen. [...]

Je weiter die Zeit voranschritt, um so leichter wurde es für die Bolschewiki, ihren Parolen Resonanz zu verschaffen: Diese Regierung kann keinen Frieden bringen, der Boden wird den Grundbesitzern bleiben; die Regierung ist das Unterdrückungsregime des Klassenfeindes, das sich revolutionärer Phrasen bedient, die ihr von den Sozialrevolutionären und menschewistischen Opportunisten

M 5 Russische Bauern auf einer Dorfstraße

45 geliefert werden, eine Regierung des Volksbetrugs, unterstützt von Leuten, die vorgeben, Sozialisten zu sein, und die doch nichts anderes tun, als den Betrug zu decken, weil sie zu Handlungsgehilfen der Bourgeoisie herabgesunken sind und die
50 Revolution an die Konterrevolutionäre verraten. Solchen Argumenten hatten die Mehrheitsparteien auf die Dauer nur wenig Durchschlagendes entgegenzusetzen. Der Autoritätsschwund, der ihnen drohte, ließ sich nicht aufhalten, wenn
55 die beschwörende Versicherung, man werde die Früchte der Revolution verteidigen, in der Praxis sogleich zurückgenommen werden musste, wenn nichts eingelöst werden konnte, wovon in den Deklarationen die Rede war. [...] Lenins Partei sah
60 sich eingeladen, in dem Vakuum, das hier blieb, Platz zu nehmen.

D. Geyer, Die Russische Revolution, Göttingen 1977 S. 55 f. und 86 f.

M7 Lenins Ankunft in Petrograd [heute wieder Sankt Petersburg], April 1917

M6 Lenin: Über die Aufgaben des Proletariats in der gegenwärtigen Revolution

Unmittelbar nach seiner Heimkehr aus dem Exil verfasste Lenin seine „Aprilthesen":

1. In unserer Stellung zum Krieg, der seitens Russlands [...] infolge des kapitalistischen Charakters dieser Regierung unbedingt ein räuberischer, imperialistischer Krieg bleibt, sind auch die geringsten
5 Zugeständnisse an die „revolutionäre Vaterlandsverteidigung" unzulässig. Einem revolutionären Krieg, der die revolutionäre Vaterlandsverteidigung wirklich rechtfertigen würde, kann das klassenbewusste Proletariat seine Zustimmung nur
10 unter folgenden Bedingungen geben:
a) Übergang der Macht in die Hände des Proletariats und der sich ihm anschließenden ärmsten Teile der Bauernschaft;
b) Verzicht auf alle Annexionen in der Tat und
15 nicht nur in Worten;
c) tatsächlicher und völliger Bruch mit allen Interessen des Kapitals. [...]
2. Die Eigenart der gegenwärtigen Lage in Russland besteht im Übergang von der ersten Etappe
20 der Revolution, die infolge des ungenügend entwickelten Klassenbewusstseins und der ungenügenden Organisiertheit des Proletariats der Bourgeoisie die Macht gab, zur zweiten Etappe der Revolution, die die Macht in die Hände des Pro-
25 letariats und der ärmsten Schichten der Bauernschaft legen muss. Diesen Übergang kennzeichnet einerseits ein Höchstmaß an Legalität (Russland ist zurzeit von allen Krieg führenden Ländern das freieste der Welt), andererseits das Fehlen der Anwendung von Gewalt gegen die Massen, und
30 schließlich die blinde Vertrauensseligkeit der Massen gegenüber der Regierung der Kapitalisten, der ärgsten Feinde des Friedens und des Sozialismus. [...]
3. Keinerlei Unterstützung der Provisorischen
35 Regierung, Aufdeckung der ganzen Verlogenheit ihrer Versprechungen, insbesondere hinsichtlich des Verzichts auf Annexionen. [...]
4. Anerkennung der Tatsache, dass unsere Partei in der Mehrzahl der Sowjets der Arbeiterdepu-
40 tierten in der Minderheit, vorläufig sogar in einer schwachen Minderheit ist gegenüber dem Block aller kleinbürgerlichen, opportunistischen Elemente, die dem Einfluss der Bourgeoisie erlegen sind und diesen Einfluss in das Proletariat hinein-
45 tragen. [...] Aufklärung der Massen darüber, dass die Sowjets der Arbeiterdeputierten die einzig mögliche Form der revolutionären Regierung sind, und dass daher unsere Aufgabe, solange sich diese Regierung von der Bourgeoisie beeinflussen lässt,
50 nur in geduldiger, systematischer, beharrlicher, besonders den praktischen Bedürfnissen der Massen angepasster Aufklärung über die Fehler ihrer Taktik bestehen kann. [...]
5. Keine parlamentarische Republik – von den
55 Sowjets der Arbeiterdeputierten zu dieser zurückzukehren, wäre ein Schritt rückwärts –, sondern eine Republik der Sowjets der Arbeiter-, Landarbeiter- und Bauerndeputierten im ganzen Lande, von unten bis oben. Abschaffung der Polizei, 60

der Armee, der Beamtenschaft. Entlohnung aller Beamten, die durchweg wählbar und jederzeit absetzbar sein müssen, nicht über den Durchschnittslohn eines qualifizierten Arbeiters hinaus.

65 6. Im Agrarprogramm Verlegung des Schwergewichts auf die Sowjets der Landarbeiterdeputierten. Beschlagnahme der gesamten Ländereien der Gutsbesitzer. Nationalisierung des gesamten Bodens im Lande; die Verfügungsgewalt über den
70 Boden steht den örtlichen Sowjets der Landarbeiter- und Bauerndeputierten zu. [...]

7. Sofortige Verschmelzung aller Banken des Landes zu einer Nationalbank und Einführung der Kontrolle über die Nationalbank durch den Sowjet
75 der Arbeiterdeputierten.

8. Nicht „Einführung" des Sozialismus als unsere unmittelbare Aufgabe, sondern augenblicklich nur Übergang zur Kontrolle über die gesellschaftliche Produktion und Verteilung der Erzeugnisse
80 durch den Sowjet der Arbeiterdeputierten.

Zit. nach: O. Anweiler, Die Russische Revolution 1905–1921, Stuttgart 1971. S. 37 f.

M 8 Die Rolle der Sowjets (Räte)

Der Soziologe Oskar Anweiler analysiert die bolschewistische Strategie der Machtübernahme:

Die Sowjets waren die einzigen ernsthaften Gegenspieler der bürgerlichen Provisorischen Regierung, und sie allein waren imstande, die revolutionären Energien der Massen zu mobilisieren. Dabei war
5 diese gärende proletarische und soldatische Masse, die zum ersten Mal aktiv in die Politik eingriff, von den sich eben erst offen formierenden politischen Parteien nur am Rande erfasst, mit den Spielregeln einer demokratischen Staatsordnung
10 nicht vertraut und der demagogischen Agitation leicht zugänglich. Damit rechnete Lenin. Obwohl in den Sowjets zunächst die beiden gegnerischen sozialistischen Parteien eine überwältigende Mehrheit besaßen, glaubte Lenin an die Chance
15 des Bolschewismus, die Massen von ihren zunächst gewählten Führern [...] trennen zu können. Indem er die Bolschewiki aufforderte, innerhalb der Sowjets einen rücksichtslosen Kampf gegen die offizielle Sowjetpolitik zu führen, hoffte er, die
20 um die Sowjets gescharten Arbeiter und Soldaten allmählich auf seine Seite ziehen zu können. Lenins strategischer Plan im April 1917 gründete sich auf das Bündnis der straff organisierten und einheitlich geführten bolschewistischen Partei
25 mit den politisch unerfahrenen und daher leicht zu lenkenden Massen. Dabei spielten die Sowjets die Rolle der „sichersten Gradmesser der tatsächlichen Aktivität der Massen" (Trotzki), sie waren – nach einem späteren Wort Stalins – die „Transmissionen", mit deren Hilfe die Partei die Massen 30 lenkte. [...] Lenin hoffte mithilfe der Sowjets den ohnehin geschwächten Staatsapparat zu paralysieren, die Autorität der Provisorischen Regierung zu untergraben, die Befehlsgewalt des militärischen Kommandos an der Front und im Hinterland zu 35 schwächen – kurz, die Hindernisse, die einer bolschewistischen Machtergreifung im Wege standen, möglichst zu beseitigen. Die Bolschewiki förderten daher alle Bestrebungen der lokalen Sowjets, Regierungs- und Verwaltungsbefugnisse 40 eigenmächtig an sich zu reißen, traten unter den Soldaten für die Wahl der Vorgesetzten durch die Soldatenkomitees ein und stachelten die Bauern zur selbstständigen Bodenaneignung an. [...] Die Losung „Alle Macht den Räten", propagiert 45 im Sinne einer lokalen Sowjetmacht, bezweckte vor allem die Zerrüttung der staatlichen Ordnung durch die Beseitigung ihrer Organe. Nicht umsonst forderte Lenin die „Zerschlagung" und „Zerstörung" der bürgerlichen „Staatsmaschine" und ihre 50 Ersetzung „durch einen neuen, aus bewaffneten Arbeitern gebildeten Apparat". Die Arbeiter-, Soldaten- und Bauernräte sollten verhindern, dass sich das durch die Revolution erschütterte Staatswesen neu festigte, bevor die Bolschewiki einen 55 entscheidenden Einfluss gewonnen hatten. Lenin setzte auf die Räte, weil er hoffte, dass gerade sie – aufgrund der ihnen zugefallenen Stellung im System der „Doppelherrschaft" – ihm als Sprungbrett zur Macht dienen konnten. 60

O. Anweiler, Die Rätebewegung in Russland 1905–1921, Leiden 1958. S. 203 ff.

M 9 Festigung der Parteiherrschaft

Der amerikanische Historiker Leonard Shapiro beschreibt die Vorgehensweise der Bolschewiki nach den Wahlen zur Nationalversammlung:

Als die Resultate der Wahlen zur konstituierenden Nationalversammlung bekannt wurden, hörte man in den Kreisen der Bolschewiki und der linken Sozialrevolutionäre eindeutige Bemerkungen des Sinnes, dass man die Wahlurnen mit Gewalt 5 korrigieren müsse. Das Resultat der Wahlen, an denen, einer kürzlichen Untersuchung zufolge, „die überwältigende Mehrheit" der Wähler sich frei beteiligte, war eine Versammlung, in der von den 707 Deputierten 370 die Sozialrevolutionäre 10 stellten, 175 die Bolschewiki, 40 die linken Sozialrevolutionäre, 17 die Kadetten und 16 die Menschewiki. Die Bolschewiki erhielten gerade etwas weniger als ein Viertel aller abgegebenen Stimmen. Das halbe Land stimmte für den Sozialismus, aber gegen den Bolschewismus. Die Bolschewiki waren in den Industriezentren in der Mehrheit und erhielten etwa die Hälfte der von der Armee abgegebenen Stimmen. Was aber wichtiger war: In den Abteilungen der Armee, die in nächster Nähe von Petrograd und Moskau lagen, hatten sie die Mehrheit. Am Tag ihrer Eröffnung, am 18. Januar 1918, lehnte die konstituierende Versammlung mit 237 gegen 136 Stimmen eine bolschewistische Deklaration ab. [...] Die Bolschewiki und die linken Sozialrevolutionäre verließen daraufhin die Versammlung. Am Tag danach verwehrte die Rote Garde den übrigen Delegierten den Zutritt zu der vertagten Sitzung, und das war das Ende der konstituierenden Versammlung. Lenins Instinkt hatte ihn nicht getäuscht. Die Auflösung der Versammlung führte weder innerhalb der Partei noch draußen im Lande zu nennenswerten Unruhen. Nur zwei Bolschewiki (einer davon, Rjasanow, war erst kürzlich zu ihnen gestoßen) hatten gegen den Beschluss über die Sprengung der Versammlung gestimmt. Eine Demonstration, die nach dem Willen des sozialrevolutionären Führers Tschernow unbewaffnet in der Hauptstadt stattfand, wurde unter Verlusten von den Schützen der Roten Garde zerstreut. Kurz darauf, in der letzten Januarwoche, bestätigte ein III. Allrussischer Sowjetkongress nach sorgfältig manipulierten Wahlen mit überwältigender Mehrheit die von den Bolschewiki und den linken Sozialrevolutionären gegen die konstituierende Versammlung eingeschlagene Politik.

L. Shapiro, Die Geschichte der Kommunistischen Partei der Sowjetunion, Frankfurt am Main, 1962, S. 197 f.

M 10 Neue Ökonomische Politik (NEP)

Der Historiker Georg von Rauch stellt im Folgenden die Merkmale der NEP dar, die den Kriegskommunismus ablöste:

Die Konsequenzen, die Lenin aus dem Kronstädter Aufstand zog, betrafen in erster Linie die staatlichen Sicherheitsmaßnahmen gegenüber oppositionellen Strömungen. Darüber hinaus deckte aber der Aufstand schonungslos die Gefahren auf, die dem bolschewistischen Regime drohten, sofern keine Abhilfe der wirtschaftlichen Notlage geschaffen wurde.
Bereits am 22. Februar 1921 war eine „Staatliche Plankommission" (Gosplan) beim Rat für Arbeit und Landesverteidigung eingesetzt worden. Die Ereignisse im Frühjahr bestärkten Lenin in seinem Entschluss, das Steuer seiner Wirtschaftspolitik radikal herumzudrehen, um einen Ausweg aus dem chaotischen Wirrwarr der Wirtschaftslage, in die der „Kriegskommunismus" das Land geführt hatte, zu finden. Der Produktionswille der Bauern musste gehoben, die Ernährung sichergestellt werden. Der Binnenhandel musste wieder in Gang gebracht, die Arbeitsleistung der Industrie wiederhergestellt werden. Das ging nicht ohne Abstriche am marxistischen Wirtschaftsprogramm. Ohne die Grundlagen zu verlassen, musste ein Kompromiss zwischen Theorie und Wirklichkeit gefunden werden. Dieser Kompromiss war die Neue Ökonomische Politik (NEP). Es war nicht einfach, den Kurswechsel auf dem X. Parteitag der Russischen Kommunistischen Partei der Bolschewisten durchzufechten, der am 8. März 1921 zusammentrat. Lenin setzte sich jedoch durch. Er gab unumwunden zu, dass die Partei zu weit gegangen war, dass der direkte Übergang zur rein sozialistischen Güterverteilung dem Lande zunächst über die Kräfte ging. Es galt vorerst ein gemischtes Wirtschaftssystem einzuführen, bei dem der sozialisierte Sektor mit dem privaten wetteiferte. Man konnte hoffen, dass der sozialisierte Wirtschaftsteil sich Schritt für Schritt ausdehnen, der private nach und nach absterben würde. Am Endsieg des Sozialismus sei nicht zu zweifeln, es dürfe jedoch nichts überstürzt werden. Unter diesen Umständen blieben die großen Industriewerke und Verkehrseinrichtungen, die Großbanken und der Außenhandel selbstredend in den Händen des Staates. In der kleineren und mittleren Industrie jedoch wurde das Privatunternehmertum wieder zugelassen, ebenso im Binnenhandel. Die Requisition [Zwangseintreibung] von Lebensmitteln auf dem Lande zu festgesetzten Preisen wurde eingestellt und durch eine Naturalsteuer abgelöst. Die Bauern durften wieder einen Teil ihrer Erzeugnisse auf dem freien Markt verkaufen. Das Recht auf Privateigentum an Produktionsmitteln wurde in gewissen Grenzen anerkannt, private Genossenschaftskassen wieder zugelassen. Zur Ankurbelung der Wirtschaft war jetzt auch ausländisches Kapital wieder gut genug. Ausländische Firmen wurden aufgefordert, ihre Tätigkeit in Russland wieder aufzunehmen, sogar im Bereich der Großindustrie. Auch stand jetzt nichts im Wege, mit auswärtigen Staaten Handelsverträge abzuschließen. Es war kein Zufall, dass im selben März 1921 nicht nur der Rigaer Friedensvertrag mit Polen und ein

Freundschaftsabkommen mit der Türkei, sondern auch der Handelsvertrag mit England unterschrieben wurde.

Wenn die Industrieproduktion unter den gegebenen Umständen bald wieder anlief, so wurde auch auf diesem Sektor durch eine Lockerung der strengen Freiheitsbeschränkungen des Arbeiters und durch den Beginn einer Abstufung der Löhne nach Können und Leistung [… ein] größerer Anreiz zur Arbeitssteigerung gegeben. Jetzt konnte an die Durchführung eines der Lieblingsgedanken Lenins gegangen werden, der sich von einer gesteigerten Stromversorgung des flachen Landes sowohl eine Steigerung der Produktion als auch eine Hebung des Lebensniveaus der Bauernschaft versprach; pflegte doch Lenin dem bürgerlichen Zeitalter des Dampfes das proletarische der Elektrizität gegenüberzustellen.

Der wirtschaftliche Erfolg der neuen Wirtschaftspolitik blieb nicht aus, aber er setzte nicht mit einem Schlage ein. Der Winter 1921/22 war sehr hart und die Ernten dieser beiden Jahre nicht ausreichend. Die Reserven waren längst verbraucht oder zerstört. Die NEP-Politik kam zu spät, um den ersten großen Hunger der Sowjetunion abwenden zu können. Nach offiziellen Schätzungen sind damals nicht weniger als fünf Millionen Menschen in Russland verhungert. […] Aber gewisse Anzeichen eines langsamen wirtschaftlichen Aufstiegs wurden doch immer deutlicher sichtbar. Die landwirtschaftliche und industrielle Produktion lief an, der Warenaustausch verdichtete sich. Der darniederliegende Verkehr kam allmählich wieder in Gang. Die Technisierung begann Fortschritte zu machen. Mit dem Anbruch des Jahres 1923 schien der Tiefpunkt überwunden. Und vier Jahre später (1927) hatte die Industrieproduktion ungefähr den Vorkriegsstand erreicht; nur die Getreideerzeugung war demgegenüber noch im Rückstand.

Im Zuge des NEP-Kurses wurde auch die Geldwirtschaft wiederhergestellt, die zunächst im Einklang mit der marxistischen Theorie beseitigt werden sollte, da Kredit und Geld als Pfeiler der kapitalistischen Ordnung galten. Der Geldverkehr in allen Sparten kam wieder zu seinem Recht.

G. v. Rauch, Geschichte der Sowjetunion, Stuttgart 1977, S. 149 ff.

M 11 Lenin

Ein Bild der Persönlichkeit Lenins zeichnet der Historiker Orlando Figes:

Lenins Charakter hatte einen stark puritanischen Zug, der sich später auch in der politischen Kultur seines Regimes zeigen sollte. Askese war bei den Revolutionären von Lenins Generation ein verbreitetes Phänomen. Sie alle waren von der Selbstverleugnung des revolutionären Helden Rachmetow aus Tschernyschewskis Roman *Was tun?* inspiriert. „Das Schreckliche an Lenin", schrieb [der russische Revolutionär und Zeitgenosse] Struwe einmal, „war diese Verbindung in einer Person von Selbstkasteiung, die das Wesentliche an aller echten Askese ist, mit der Kasteiung anderer Menschen, wie sie sich im abstrakten sozialen Hass und in kalter politischer Grausamkeit ausdrückt." Selbst noch als Führer des Sowjetstaates behielt Lenin den spartanischen Lebensstil des revolutionären Untergrunds bei. Bis März 1918 bewohnten er und [seine Frau Nadeshda] Krupskaja ein spärlich möbliertes Zimmer im Smolny-Institut, einem ehemaligen Mädchenpensionat, sie schliefen auf zwei schmalen Feldbetten und wuschen sich mit kaltem Wasser in einer Waschschüssel. Das Zimmer ähnelte eher einer Gefängniszelle als der Suite des Diktators des größten Landes der Welt. Wie Rachmetow betrieb Lenin Hanteltraining, um seine Muskeln zu stärken. All das war Teil der Macho-

M 12 **Wladimir Iljitsch Uljanow bei einer Ansprache anlässlich des 1. Jahrestages der Revolution auf dem Roten Platz in Moskau,** am 7. November 1918.

Kultur (die schwarzen Lederjacken, die militante Rhetorik, der Glaube an die Aktion und der Kult der Gewalt), der Essenz des Bolschewismus. Lenin rauchte nicht, trank auch kaum und zeigte, abgesehen von seiner romantischen Freundschaft zu Inessa Armand, kein Interesse an schönen Frauen. Krupskaja nannte ihn „Iljitsch" – so sein volkstümlicher Name in der Partei –, und er redete sie mit „Genossin" an. Sie war eher Lenins persönliche Sekretärin als seine Ehefrau, und vermutlich war es kein Missgeschick, dass ihre Ehe kinderlos blieb. Lenin ließ Gefühlen keinen Raum in seinem Leben. „Ich kann diese Musik nicht oft hören", gestand er einmal nach einer Aufführung von Beethovens *Appassionata*, „denn sie versetzt mich in eine Stimmung, in der ich den Menschen den Kopf streicheln möchte, [...] jedoch heutzutage [...] müssen [wir] zuschlagen, erbarmungslos zuschlagen." [...]

Die Triebkraft dieses spießbürgerlichen Lebens war brennender Machthunger. Die Menschewiki spotteten, es sei unmöglich, mit einem Menschen wie Lenin zu wetteifern, der täglich 24 Stunden über die Revolution nachdenke. Lenin war vom absoluten Glauben an seine historische Mission getrieben und bezweifelte keinen Augenblick, wie er einmal sagte, dass er der Mann war, der in der Partei das Steuer in die Hand nehmen sollte. Das war auch die Botschaft, die er im April 1917 nach Russland zurückbrachte. Diejenigen, die ihn vor dem Krieg gekannt hatten, bemerkten eine dramatische Veränderung in seiner Persönlichkeit. „Wie er gealtert war", erinnerte sich Roman Gul, der ihm 1905 kurz begegnet war. „Lenins ganze Erscheinung war verändert. Und nicht nur das. Da war nichts mehr von der alten Herzlichkeit, der Freundlichkeit oder dem kameradschaftlichen Humor in seinen Beziehungen zu anderen Menschen. Der neue Lenin, der da angekommen war, war zynisch, verschwiegen und grob, ein Verschwörer ‚gegen alles und jeden', der niemandem traute, jeden verdächtigte und entschlossen war, zu seinem Griff nach der Macht anzusetzen."

Lenin ist nie tolerant gegenüber abweichenden Meinungen innerhalb seiner Partei gewesen. Bucharin beschwerte sich einmal, dass er sich nicht im Geringsten um die Meinung anderer kümmerte. Lunatscharski behauptete, Lenin umgebe sich bewusst mit Narren, die es nicht wagten, ihn infrage zu stellen. Bei seinem Kampf für die Aprilthesen steigerte sich seine dominierende Haltung zu fast megalomanischen Dimensionen. Krupskaja nannte das seine „Rage" – die Besessenheit ihres Mannes, wenn er Konflikte mit seinen politischen Rivalen austrug –, und es war ein Lenin in Rage, mit dem sie die nächsten fünf Jahre zusammenleben musste. Während solcher Anfälle agierte Lenin voller Hass und Wut wie ein Besessener, dessen Körper sich in einem Zustand extrem nervöser Spannung befand. Er konnte dann weder schlafen noch essen, wurde vulgär und grob in seinem Verhalten – kaum zu glauben, dass das ein kultivierter Mann sein sollte. Über seine Gegner innerhalb wie außerhalb der Partei machte er sich in grober und verletzender Weise lustig. Sie seien „Holzköpfe", „Bastarde", „Abschaum", „Huren", „Fotzen", „Scheißer", „Kretins", „russische Narren", „Windbeutel", „dumme Hühner" und „törichte alte Weiber". Wenn die Rage abflaute, fiel Lenin erschöpft, teilnahmslos und depressiv in sich zusammen, bis zu einem erneuten Ausbruch. Dieser manische Stimmungswechsel war charakteristisch für Lenins psychische Veranlagung. Er hielt zwischen 1917 und 1922 fast ununterbrochen an und muss zu der Gehirnblutung beigetragen haben, an der Lenin schließlich starb.

Viel von Lenins Erfolg 1917 lässt sich zweifellos durch seine maßlose Dominanz in der Partei erklären. Keine andere politische Partei war je so eng an die Persönlichkeit eines einzigen Mannes gebunden. Lenin war der erste moderne Parteiführer, der zum Status eines Gottes aufstieg: Stalin, Mussolini, Hitler und Mao Tsetung waren alle in dieser Hinsicht seine Nachfolger.

O. Figes, Die Tragödie eines Volkes, Berlin 1998, S. 415 ff.

M 13 Lenin-Kult

Unmittelbar nach dem Tod Lenins begann der Kampf um seinen Leichnam. Der Kulturhistoriker Olaf B. Rader schreibt zum Kult um den Toten:

Am 21. Januar 1924 war Lenin nach seinem dritten Schlaganfall gestorben. Doch obwohl Lenin die letzten Lebensmonate immer isolierter von der Tagespolitik verbracht hatte, begann schon vor seinem Tode ein Kult um seine Person, der mit dem Ableben neue Dimensionen erhielt. Seit 1923 gab es den Begriff „Leninismus". Im selben Jahr begann man, seine Werke als gleichsam heilige Schriften zu publizieren. In seinem Todesjahr eröffnete ein Lenin-Institut, begann ein Museum Leniniana zu sammeln. Sankt Petersburg, seit Beginn des Ersten Weltkrieges in Petrograd umbenannt, wurde nun zu Leningrad. Das Privatleben Lenins wurde geradezu verstaatlicht. Biografien hagiografischen Charakters streuten Fabeln und Legenden: Lenin als Bauer oder Arbeiter, als Kinder- oder

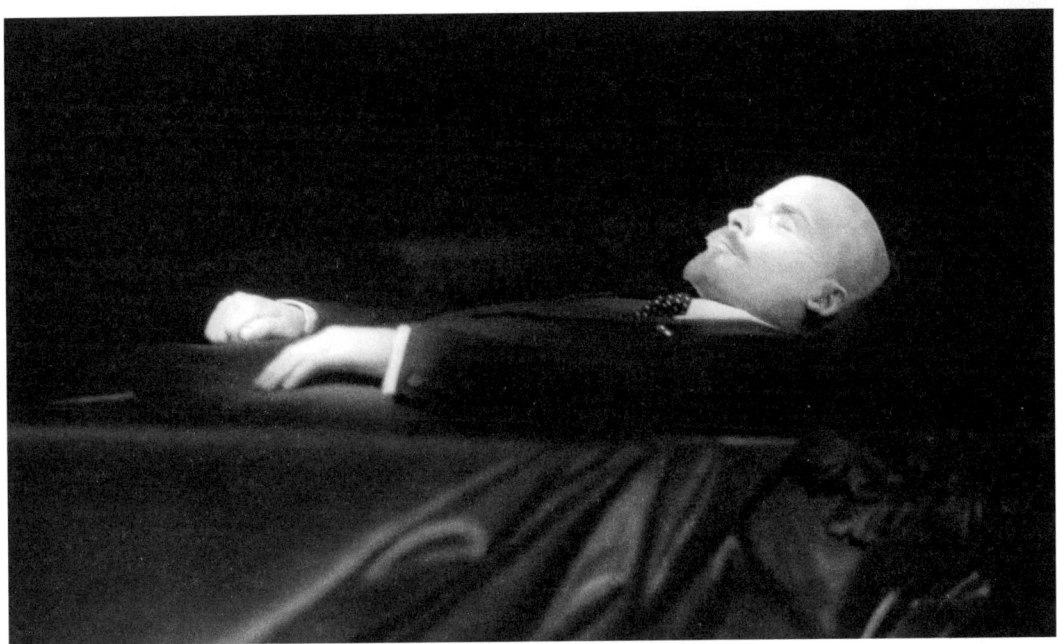

M 14 Lenin-Kult: Mehrmals hat die russische Regierung überlegt, den Leichnam Lenins nach dem Willen des Verstorbenen endlich neben seiner Mutter auf dem Friedhof in St. Petersburg zu begraben. Doch noch immer liegt der Revolutionsführer in seinem beleuchteten Kristallsarg zu Füßen des Kreml.

Tierfreund, ständig im Einsatz für das Wohl der Menschen. Nun entstanden die Lenin-Porträts an den Fassaden öffentlicher Gebäude und die unzähligen Lenin-Ecken in den Fabriken. Ein lebendes Abbild aus Pflanzen zierte einen Moskauer Park. Aus dem Leichnam des Revolutionärs wurde das Gehirn entfernt und in 30000 Präparate geteilt. Eine Wissenschaftlergruppe suchte jahrzehntelang in den Hirnpartikeln zwischen Glasplättchen die ‚Substanz eines Genius'. Der offizielle Auftrag lautete, nachzuweisen, dass Lenins Gehirn schon ein „höheres Stadium der menschlichen Evolution" darstelle. Die Todesstunde des Menschen Lenin war somit zugleich die Geburtsstunde des Gottes. [...]
Einer kümmerte sich ganz besonders um die Entfaltung des Lenin-Kults, ähnlich einem Oberpriester der Apotheose [Vergöttlichung]: Stalin. Er meinte, dass Lenin ein „Führer vom höherem Typus ist, ein Bergadler [...] unserer Partei." Mit allen Mitteln bastelte er an einem ihm genehmen Bild, dass Stalins Lenin stets ein Freund Stalins gewesen war. [...]
Um Trotzki politisch zu entmachten, präsentierte sich Stalin als der Wahrer der ideologischen Reinheit, der sich auf leninistische Legitimität stützte. Leo Trotzki weilte zum Zeitpunkt des Todes Lenins in Suchumi am Schwarzen Meer. Stalin ließ ihn über den genauen Bestattungstermin im Unklaren und verhinderte so die Teilnahme seines Gegenspielers beim Begräbniszeremoniell. Stalin entwickelte den Lenin-Mythos und stellte sich selbst als dessen Nachfolger und Vollender dar. Um diese Botschaft auch ikonografisch zu übersetzen, präsentierte er sich geschickt als der Erste in dem Bemühen um eine würdevolle Bestattung Lenins.
Damit auf den „Wallfahrten der Millionen zum Führer der werktätigen Welt des Erdballs", von denen Stalin sprach, auch ein tatsächlicher Heiliger präsentiert werden konnte, der gegen Verwesung gefeit war, damit man sehen konnte, dass der Leninismus lebte, musste mit dem Leichnam Lenins etwas geschehen. [...] Wie freilich Lenins Konservierung, die Dzershinski angeregt hatte, zu bewerkstelligen sei, wusste zunächst niemand.

O.B. Rader, Grab und Herrschaft. Politischer Totenkult von Alexander dem Großen bis Lenin, München 2003, S. 236 ff.

M 15 „Humanitätsduselei ist nicht am Platze"

Stalin über die Behandlung der Opposition (1927):

Den Anregungen des Genossen Menschinski[1], verschärfte Maßnahmen gegen sistierte [festgenommene] Propagandisten zu treffen, stimme ich voll bei. Es ist dieses vielleicht das Einzige, womit wir diese zersetzende und die Parteileitung diskreditierende Propaganda ernstlich bekämpfen. Persönlichkeiten, die einer solchen aktiven Propaganda, in Wort oder Schrift, überführt werden, müssen nicht anders als Spione abgeurteilt werden, weil ja tatsächlich sie Spione und Helfershelfer unserer inländischen und ausländischen Feinde sind. Auch stimme ich dem bei, dass in solchen Fällen die Aburteilung nicht durch gewöhnliche Richter, sondern durch die zuständigen Stellen der OGPU[2] erfolgt. Einige solche abschreckende Beispiele werden die Wirkung nicht verfehlen. [...] Wir haben zu viele Schwächen, die für die Kapitalisten ein gefundenes Fressen sind. Die Ausbeutung derselben bedeutet einen schweren Schlag gegen unser Wiederaufbauprogramm. Wir wären schon längst weiter. Der Partei- und Staatsapparat muss schnellstens gesäubert werden. Nicht mit halben Maßnahmen, sondern radikal. Es muss jeder aus diesen Apparaten entfernt werden, auf den auch nur der leiseste Verdacht fällt. Humanitätsduselei ist nicht am Platze, und wenn wirklich einige Nichtschuldige dabei sein sollten, so spielt das im Interesse der großen Sache weiter keine Rolle.

[1] Vorsitzender der Geheimpolizei OGPU

[2] Bezeichnungen der Geheimpolizei:

Tscheka = Allrussische außerordentliche Kommission zur Bekämpfung der Konterrevolution und Sabotage (1917–1922)

OGPU = Vereinte staatliche politische Verwaltung (bis 1934)

NKWD = Volkskommissariat für Inneres (bis 1946)

KGB = Komitee für Staatssicherheit beim Ministerrat der UdSSR (seit 1954)

Zit. nach: M. Reiman, Die Geburt des Stalinismus, Frankfurt/M. 1979, S. 243 ff.

M 16 Umrisse der Lagerwelt

„Gulag" ist die russische Abkürzung für „Hauptverwaltung der Lager". Die Lagerwelt entstand – wie der Historiker Meinhard Stark erläutert – bereits kurz nach der Machtübernahme durch die Bolschewiki:

Die Einrichtung von Haftlagern geht auf ein Telegramm Lenins, des Führers der russischen Revolution, zurück, der am 9. August 1918 einer örtlichen Sowjetinstanz befahl, sogenannte Verdächtige in ein – so wörtlich – „Konzentrationslager" zu sperren. Im Erlass „Über den Roten Terror" ermächtigte die sowjetrussische Regierung am 5. September 1918 ihre Geheimpolizei, „die Sowjetrepublik vor ihren Klassenfeinden zu schützen, indem diese in Konzentrationslagern isoliert werden" sollten. [...] In dieser frühen Periode sah man das wichtigste Ziel der Haft noch in der „Besserung" bzw. „Umerziehung" der Häftlinge. Allerdings bezog sich diese Intention nur auf die Gefangenen, die nicht als Systemgegner, wie beispielsweise zaristische Beamte, Offiziere, hohe Geistliche oder Funktionäre oppositioneller Parteien, galten. Ihnen traute man keinen inneren Wandel zu, weshalb sie streng zu isolieren, gegebenenfalls zu liquidieren waren. [...]

Das Solowezki-Besserungsarbeitslager ließ die sowjetische Regierung 1923 auf einer Inselgruppe im Weißen Meer, ca. 150 Kilometer südlich des Polarkreises einrichten. Die auf mehreren Inseln verteilten Gebäude eines jahrhundertealten Klosters, das nach der Errichtung der Sowjetmacht

M 17 Bau des Weißmeer-Kanals durch Gulag-Häftlinge (1931)

aufgelöst wurde, dienten als Haftort für das erste und bedeutendste Lager sowjetischer Prägung. […]

Zum 1. Januar 1931 zählte das Lager annähernd 72000 Häftlinge. Um Lager- und Wachpersonal einzusparen, entwickelte man das Prinzip der sogenannten Häftlingsselbstverwaltung, in der zahlreiche, vor allem untere Positionen und Funktionen von Gefangenen ausgeübt wurden. Im Laufe der Zeit übergab man mehr und mehr Positionen an Kriminelle, die die politischen Häftlinge zusätzlich verhöhnten und malträtierten. Das Machtmonopol gab die Lagerführung freilich nicht aus der Hand. Überliefert sind Erzählungen über brutale Torturen und Misshandlungen: „Der ‚steinerne Sack', bei dem man in Nischen eingesperrt wurde, Sitzen auf Stangen, das für den Herunterfallenden tödlich sein konnte, nackt im Sommer den Mücken oder im Winter im Schnee ausgesetzt zu werden." […]

Am 7. April 1930 erließ die Sowjetregierung das Statut über die „Besserungsarbeitslager". Die offizielle Bezeichnung der Haftorte verdeutlichte unmissverständlich die gewandelte Haftintention, die nunmehr „Besserung durch Arbeit" lautete. Die Erfahrungen des Solowezki-Lagers nutzten die verantwortlichen Sowjetkader zunächst beim Bau des Weißmeer-Ostsee-Kanals, der ersten und größten in den Volkswirtschaftsplan der UdSSR integrierten Baustelle. Zum ersten Mal basierte eine „Großbaustelle des Kommunismus" nicht nur völlig auf Häftlingszwangsarbeit, vielmehr hatte die Regierung die alleinige Verantwortung für die Realisierung des Projektes den Sicherheitsorganen übertragen. Der 227 Kilometer lange Kanal mit 19 Schleusen sollte innerhalb von nur 20 Monaten, von September 1931 bis April 1933, errichtet werden. Entlang der künstlichen Flussstraße entstanden zahlreiche Lager, die einen bestimmten Abschnitt des Kanals zu errichten hatten und der Verwaltung des Weißmeer-Ostsee-Kanal-Lagers, russisch Belomorsko-Baltiski-Kanal-Lag, unterstanden. Das Produktionsreservoir bildeten mehrere Hunderttausend Häftlinge, die mit ihrer Muskelkraft, mit Spaten und Tragebrettern Abermillionen Kubikmeter Erde bewegten. In drei Schichten mussten die „Kanalarmisten", wie die Gefangenen bald bezeichnet wurden, rund um die Uhr auf ihrem „Kampfabschnitt" schuften. Die Höhe der Essensration war wie im Solowezki-Lager an die Erfüllung der täglichen Arbeitsvorgabe gekoppelt. Die technischen und sanitären Zustände in den meist improvisierten Massenlagern waren katastrophal, Krankheiten, vor allem Typhus und Skorbut, die Folge. Schätzungen über die Anzahl der Toten schwanken zwischen 50000 und 250000.[1] […]

Seit Anfang der 1930er-Jahre spielte die wirtschaftliche Ausbeutung der Häftlinge eine zunehmende Rolle. Obgleich die Zwangsarbeit ökonomisch nie wirklich effizient war, wurde auf den Knochen der Lagerhäftlinge ein nicht unbedeutender Beitrag zur Urbanisierung bzw. Industrialisierung vor allem in schwer zugänglichen Regionen der UdSSR geleistet. Seit ihrer Gründung waren die Lagerhauptverwaltung und die ihr unterstehenden Lagerkomplexe in die Vorgaben der sowjetischen Fünfjahrespläne eingebunden. Sogenannten Branchenabteilungen, etwa für Holz- und Landwirtschaft, Eisenbahn-, Straßen- oder Bergbau, sowie anderen Großbauprojekten waren Großlager zugeordnet, die eigenständige Planaufgaben zu erfüllen hatten. […]

Mitte 1938 waren im Gulag bereits über zwei Millionen Menschen inhaftiert. Vor allem im Norden, in Sibirien und im fernen Osten lokalisierte das NKWD Lagerkomplexe, die über mehrere Lagerabteilungen, das heißt Hauptlager, und zahlreiche Nebenlager, Produktionsabschnitte, Außenstellen usw. verfügten. Zu den größten und bekanntesten Lagerkomplexen gehörten folgende: Das „Nord-Östliche Besserungsarbeitslager" (Switlag oder Sewwostlag) lag mit seiner Hauptstadt Magadan im Gebiet des Flusses Kolyma, westlich der russischen Halbinsel Kamtschatka. Die ersten 10000 Häftlinge kamen 1932; 1940 waren es annähernd 200000 und zwölf Jahre später immer noch mehr als 170000 Gefangene. Unmittelbar mit dem Haftlager war das NKWD-Unternehmen „Fernöstliche Bauverwaltung" (Dalsstroi) verbunden, das für die wirtschaftliche Ausbeutung der seinerzeit größten Goldvorkommen in der UdSSR und der nötigen Infrastrukturentwicklung des Gebietes verantwortlich war. Das nur im Sommerhalbjahr per Schiff von Wladiwostok aus zugängliche Lagergebiet war bei Häftlingen wegen seiner schweren Zwangsarbeit in der Goldgewinnung unter Tage und seinem ausgesprochen rauen Klima besonders gefürchtet. Zwischen 25 und 30 Prozent der Häftlinge sind jedes Jahr an den unerträglichen Haftbedingungen zugrunde gegangen.

1 Der Kanal blieb fast ohne wirtschaftliche Bedeutung und wurde fast nicht genutzt.

M. Stark, Frauen im Gulag. Alltag und Überleben 1936–1939, München 2005, S. 28 ff.

M 18 „Volksfeinde"

Die amerikanische Publizistin Anne Applebaum analysiert die Sprache der sowjetischen Politik:

Diesen Begriff [des „Volksfeindes"] aus der Sprache der Jakobiner benutzte Lenin erstmals im Jahr 1917. Stalin verwendete ihn 1927 für Trotzki und dessen Gefolgsleute. Seine Bedeutung wurde enorm erweitert, als das Zentralkomitee 1936 einen geheimen Brief – aus Stalins Feder, wie sein russischer Biograf Dmitri Wolkogonow meint – an die Parteiorganisationen der Gebiete und Unionsrepubliken sandte. Darin hieß es, obwohl ein Volksfeind „zahm und harmlos aussehe", tue er doch alles, um sich „allmählich in den Sozialismus zu schleichen", dabei „akzeptiere er den Sozialismus nicht". Mit anderen Worten, Feinde konnten nicht mehr allein nach ihrer öffentlich geäußerten Meinung beurteilt werden. Lawrentij Berija, der später an der Spitze des NKWD stand, zitierte gern Stalin mit den Worten: „Ein Volksfeind ist nicht nur der, der sabotiert, sondern auch der, der an der Richtigkeit der Parteilinie zweifelt."

„Volksfeind" wurde nun zum gebräuchlichen Terminus in offiziellen Dokumenten. Frauen wurden als „Ehepartnerinnen von Volksfeinden" verhaftet, nachdem das NKWD dies per Dekret von 1937 möglich machte; dasselbe galt für Kinder. Wenn sie vom Gefängnispersonal nach ihrem Urteil gefragt wurden, dann mussten sie antworten: „TschSWR", was bedeutete: „Familienmitglied eines Feindes der Revolution".

Die Propaganda stufte „Feinde" noch niedriger ein als Tiere. Ende der Dreißigerjahre bezeichnete Stalin „Volksfeinde" öffentlich als „Ungeziefer", als „Verunreinigung" und „Schmutz", manchmal auch einfach als „Unkraut", das ausgerissen werden müsse. Die Botschaft war klar: Die *Seks* galten nicht mehr als Bürger der Sowjetunion, wenn man sie überhaupt noch als Menschen betrachtete. Wie ein Häftling bemerkte, waren sie „gewissermaßen exkommuniziert, d. h. sie durften nicht mehr am politischen Leben mit all seinen feierlichen Riten und Liturgien teilnehmen". Nach 1937 sprach kein Wachmann einen Häftling mehr als *Towarischtsch* – „Genosse" – an, was damals in der Sowjetunion allgemein üblich war. Wenn der Häftling es seinerseits wagte, seinen Aufseher so anzusprechen, musste er Prügel gewärtigen. Für ihn war dieser nur noch ein *Graschdanin*, ein „Bürger". Fotos von Stalin oder anderen führenden Persönlichkeiten hatten in Lagern und Gefängnissen nichts mehr zu suchen. Ein Anblick, der Mitte der Dreißigerjahre noch durchaus üblich war – ein Zug mit Gefangenen, geschmückt mit Stalin-Bildern und Fahnen, weil dort Stachanow-Arbeiter fuhren –, war nach 1937 unvorstellbar.

Die Entmenschlichung der politischen Gefangenen zog eine deutliche, mancherorts drastische Verschlechterung ihrer Lebensbedingungen nach sich.

A. Applebaum, Der Gulag, Berlin 2003, S. 139 f.

M 19 Propaganda Plakat für Stalins Programm von 1930
(„Unsere Heimat soll blühen und gedeihen.")

M 20 Personenkult

Die folgende Huldigung an Stalin stammt vom VII. Weltkongress der Kommunistischen Internationale 1935:

[…] Unter Deiner Führung ist die Union der Sozialistischen Sowjetrepubliken das uneinnehmbare Bollwerk der sozialistischen Revolution geworden, ein Bollwerk des Kampfes gegen Faschismus und Reaktion, gegen den Krieg. […] Die Völker der Welt wollen keinen Krieg, wollen keinen Faschismus. Sie wenden sich immer mehr der Sowjetunion zu, sie blicken mit Hoffnung und Liebe auf Dich, Genosse Stalin, auf den Führer der Werktätigen aller Länder. […]

Du hast uns Kommunisten gelehrt und lehrst uns, dass eine prinzipientreue Politik die einzig richtige Politik ist. Durch unentwegte Anwendung der bolschewistischen Politik hat die Kommunistische Internationale eine überragende Einheit und Geschlossenheit ihrer Reihen erreicht. Im Kampf gegen die konterrevolutionären Trotzkisten-Sinowjewisten, im Kampf gegen rechte und „linke" Opportunisten hast Du, Genosse Stalin, die marxistisch-leninistische Lehre verteidigt und sie unter den Bedingungen der neuen Epoche der Weltrevolution entwickelt, die in der Geschichte als Epoche Stalins fortleben wird.

Du hast uns Kommunisten gelehrt und lehrst uns die bolschewistische Kunst, unerschütterliche Prinzipienfestigkeit mit dem engsten Kontakt mit den Massen, mit unversöhnlichem revolutionären Geist und der erforderlichen Geschmeidigkeit zu verbinden. Deinen Weisungen folgend, werden die kommunistischen Parteien die Verbindung mit den Massen allseits festigen, werden die Millionen mit sich reißen und führen, werden eine breite proletarische Einheitsfront schaffen, die Volksfront gegen Faschismus und Krieg, die antiimperialistische Front in den kolonialen und halbkolonialen Ländern schmieden.

Der VII. Kongress der Kommunistischen Internationale versichert Dir, Genosse Stalin, im Namen von 65 kommunistischen Parteien, dass die Kommunisten immer und überall dem großen unbesiegbaren Banner Marx' und Engels', Lenins und Stalins bis zum Ende die Treue bewahren werden. Unter diesem Banner wird der Kommunismus in der ganzen Welt triumphieren.

Zit. nach: E. Krautkrämer, Internationale Politik im 20. Jahrhundert, Bd. 1, Frankfurt/M. 1976, S. 88 f.

M 22 Terror

Der Historiker Jörg Baberowski erkennt in der Oktoberrevolution die Geburt des totalitären Zeitalters:

Weil in den Anfangsjahren des Sowjetregimes aber nur wenige Angeklagte die ihnen zugewiesenen Rollen auch übernehmen mochten, weil sich in manchen Revolutionstribunalen von der Volksjustiz oft mehr als vom Glauben der Kommunisten zeigte, zogen die Machthaber es vor, nackten, un-inszenierten Terror gegen ihre vermeintlichen Feinde auszuüben. Sein Vollstrecker war die im Dezember 1917 ins Leben gerufene Tscheka (Abkürzung für „Allrussische Außerordentliche Kommission zur Bekämpfung der Konterrevolution und Sabotage"). Grigorij Sinowjew, Parteichef von Petrograd und Mitglied des inneren Führungskreises, erklärte Ende September 1918 in der Zeitung „Severnaja Kommuna", wie sich die Kommunisten die Anwendung des Terrors vorstellten: „Um unsere Feinde zu überwinden, brauchen wir unseren eigenen sozialistischen Militarismus. Von der einhundert Millionen zählenden Bevölkerung Sowjetrusslands

M 21 Personenkult: Marx-Engels-Lenin-Stalin,
Fahnenschriften: „Vorwärts zum Kommunismus!", „Ruhm der Partei Lenins-Stalins!", „Für friedliche Arbeit!", „Für das Glück des Volkes!" Das Propagandaplakat aus der Mitte der Dreißigerjahre erfüllt den Zweck, die Ausstrahlung einer Führungsfigur auf weitere – nachfolgende – Personen zu übertragen.

müssen wir 90 Millionen mit uns nehmen. Was den Rest angeht, so haben wir ihm nichts zu sagen. Er muss vernichtet werden." Wenig später, im November 1918, veröffentlichte Martyn Latsis, einer der Stellvertreter des Tscheka-Chefs Felix Dzerzinskij, einen Artikel in der Zeitschrift „Krasnij terror" (Der rote Terror). In ihm erklärte er, womit in Zukunft noch zu rechnen sei: „Wir führen nicht Krieg gegen Einzelne. Wir vernichten die Bourgeoisie als Klasse. Während der Untersuchung suchen wir nicht nach Beweisen, dass der Beschuldigte in Worten und Taten gegen die Sowjetmacht gehandelt hat. Die ersten Fragen, die gestellt werden müssen, lauten: Zu welcher Klasse gehört er? Was ist seine Herkunft? Was ist seine Bildung und sein Beruf? Und es sind, diese Fragen, die das Schicksal des Beschuldigten bestimmen sollten. Darin liegen die Bedeutung und das Wesen des roten Terrors."

Latsis sprach die Sprache des bolschewistischen Terroristen. Zugleich nahm er das Glaubensbekenntnis des Stalinismus vorweg: dass es Aufgabe der Revolution sei, feindliche Kollektive wie Unkraut zu vertilgen und den gesellschaftlichen Körper auf diese Weise von seinen Infektionen zu befreien. Die russische Revolution war die Geburtsstunde des totalitären Zeitalters, sie war die Erbsünde, aus der sich die modernen Diktaturen und Ideologien hervorbrachten. Sie verknüpfte das Menschenglück mit der physischen Vernichtung von Menschen. Die Bolschewiki führten die staatlich organisierte Tötung stigmatisierter Kollektive, wie sie den Stalinismus und den Nationalsozialismus auszeichnete, als Möglichkeit überhaupt erst in die Praxis der modernen Politik ein.

Am 5. September 1918 gab die Regierung die Einrichtung von Konzentrationslagern (konclager) bekannt, in die sie „Klassenfeinde" und „Mitglieder weißgardistischer Organisationen" einsperren lassen wollte. Auf solch einen Gedanken konnte freilich nur kommen, wer davon überzeugt war, im Widerstand einzelner Individuen zeige sich die verborgene Macht feindlicher Kollektive. Wo Menschen aufbegehrten, sahen die Bolschewiki Kulaken, Bourgeois, ehemalige Gutsbesitzer, zaristische Offiziere und Adlige, sie sahen keine Individuen, sondern Klassen, die sich in Individuen zum Vorschein brachten. Die Klasse gehörte nicht dem Menschen, der Mensch gehörte vielmehr der Klasse. Diese schlichte Sicht auf die Welt verführte die Bolschewiki, Terror gegen jedermann auszuüben und den Ausnahmezustand zum Regierungsprinzip zu erheben.

J. Baberowski, Der Rote Terror. Die Geschichte des Stalinismus, München 2003, S. 38 ff.

M 23 Das Volkskommissariat für Inneres (NKWD)

Die Rolle der Geheimpolizei beschreibt der oppositionelle Historiker Roy A. Medwedew in seinem Standardwerk über den Stalinismus:

Nach der Ermordung Kirows[1], besonders aber im Anschluss an den ersten „offenen" Prozess im Jahre 1936, blieben nach heftigen Säuberungen in der Führung des NKWD hauptsächlich Karrieristen und Abenteurer zurück. Bemerkenswert ist, dass 1937 die Entlohnung für Beschäftigte beim NKWD etwa vervierfacht wurde. Bis dahin hatte die relativ niedrige Bezahlung den Nachwuchs abgeschreckt, doch nach 1937 wurde nirgendwo im Staatsdienst besser bezahlt als beim NKWD. Dessen Angehörige bekamen nun auch die besten Wohnungen, Plätze in den begehrtesten Erholungsheimen und Krankenhäusern. Man zeichnete sie mit Orden und Medaillen für erfolgreiche Arbeit aus. In der zweiten Hälfte der Dreißigerjahre gab es so viele Mitarbeiter des NKWD, dass dieses mehr einer Armee glich als einer Staatsbehörde – es zählte Divisionen und Regimenter, Hunderttausende Sicherheitsbeauftragte und Zehntausende von Offizieren. Nicht nur entstanden NKWD-Dienststellen bei den Gebieten, sondern auch in allen Städten, sogar bei den Bezirken. Es gab ein NKWD-Büro in jedem Großbetrieb, auch in mittleren Betrieben, auf Verschiebebahnhöfen, in Bildungsanstalten, Grünanlagen, Theatern, Bibliotheken, praktisch alle Versammlungsstätten wurden ständig von Agenten des NKWD überwacht. Überall, selbst in den Lagern und Gefängnissen, wimmelte es von Spitzeln und Zuträgern, die das ganze Land mit einem dichten Netz überzogen.

Millionen von Dossiers wurden angelegt. Nicht nur überwachte man die Kadetten und die Monarchisten, die SR [Sozialrevolutionäre] und die Menschewiki und andere konterrevolutionäre Gruppierungen, in der Vierten Verwaltung des NKWD wurde nun auch eine Abteilung für die KP eingerichtet. Diese überwachte sämtliche Parteiinstanzen, einschließlich des ZK. Parteisekretäre der Bezirke, Gebiete und Provinzen wurden erst nach ausdrücklicher Genehmigung durch das NKWD im Amt bestätigt. Ferner entstanden besondere Abteilungen mit dem Auftrag, ihrerseits die Tschekisten zu überwachen und dann noch eine besondere Abteilung zur Überwachung der „Besonderen Abteilungen". Während ihrer Ausbildung wurde den Tschekisten eingeschärft, dass die Solidarität der Tscheka ein höheres Gut sei als Loyalität gegenüber der Partei. „An erster Stelle seid ihr Tschekisten", hieß es, „erst dann seid ihr Kommunisten." Zur Ausbildung gehörte auch Unterricht in der Geschichte der Geheimpolizei, und der begann mit einer gründlichen Darstellung der Inquisition.

1 1934. Es besteht der begründete Verdacht, dass Stalin diesen Mann ermorden ließ, um einen Vorwand für die unmittelbar darauf einsetzenden sogenannten Säuberungen zu haben. Zudem galt Kirow in Parteikreisen als ein ernsthafter Konkurrent um die Führung der Partei.

R. A. Medwedew, Die Wahrheit ist unsere Stärke – Geschichte und Folgen des Stalinismus, Frankfurt/M. 1973, S. 434.

M 24 Der Neue Mensch

Der Historiker und Slawist Jochen Hellbeck versteht den Bolschewismus als eine weltliche Religion:

Im Glauben an die Erlösung des Menschen durch sich selbst tritt die Wesensverwandtschaft der bolschewistischen Weltanschauung mit dem Ideengut der Moderne hervor. Der Neue Sowjetsmensch war lediglich eine Spielart des „Neuen Menschen", der mehr als jede andere utopische Figur das politische Denken und Handeln im 19. und 20. Jahrhundert geprägt hat. Die Geschichte des Neuen Menschen reicht freilich sehr viel weiter zurück. Als Erlösungsversprechen war er bereits in der christlichen Religion enthalten. Doch rückte diese das Neuwerden des Menschen unter einen „eschatologischen Vorbehalt": Der einzelne Christ konnte sich durch die Taufe oder Bekehrung selbst erneuern – die universale Erlösung von Mensch und Welt jedoch blieb als ein Akt der göttlichen Gnade dem menschlichen Zugriff entzogen. Dem auf göttliche Erlösung harrenden Christen setzte die Aufklärung ein Programm vom Menschen entgegen, der sich selbst das Paradies auf Erden erschuf. Die Aufklärung verkündete eine säkularisierte Heilsgeschichte, die im Glauben an die Möglichkeit der Vervollkommnung des Menschen wurzelte. Auch der Marxismus enthielt als Kind der Aufklärung eine endzeitliche Vorstellung vom neuen, vollkommenen Menschen, der mit der Vergesellschaftung seiner Lebensformen erscheinen würde.
In Russland blieb der Neue Mensch auch nach dem revolutionären Umbruch von 1917 eine utopische Vorstellung. Wie es das Wesen der Utopie gebot, musste sie in einer unerreichbaren Zukunft angesiedelt sein, um sich nicht der Gefahr der Kontamination durch die „schlechte" Gegenwart auszusetzen. Nach Ansicht Lenins hatte das sowjetische Russland die traditionelle „Sklavenmoral" und Trägheit der Russen noch nicht überwunden. Lenin sprach vom Neuen Menschen als dem fernen Endprodukt einer umfassenden Kulturrevolution, die dem Land noch bevorstand. Weit verbreitet war im ersten Revolutionsjahrzehnt überdies eine materialistische Auffassung, wonach die Gesellschaft ausschließlich von der Umwelt verfasst war. Daraus folgte, dass der Neue Mensch erst im Zuge der industriellen Erneuerung Sowjetrusslands geschaffen werden konnte.
Stalins politisches Programm stellte diese Sichtweise auf den Kopf. Die Zweite Revolution verstand sich als eine Intervention des menschlichen Willens in die Gesetze der Natur. Der stalinistische Mensch unterwarf sich nicht länger der Umwelt – er gestaltete die Natur nach seinem Bilde und erneuerte sich dabei auch selbst. Somit enthielt das stalinistische Programm eine doppelte Stoßrichtung: Es forderte den Aufbau einer neuen Gesellschaft und zugleich auch die Transformation eines jeden Menschen. Stalins Kurs versprach nichts Geringeres als die Einlösung der revolutionären Utopie.

J. Hellbeck (Hg.), Tagebuch aus Moskau 1931–1939, München 1996, S. 26 f.

M 25 „Die Flüsterer"

In seinem Buch „Die Flüsterer" beschäftigt sich der britische Historiker Orlando Figes damit, wie der Stalinismus die Privatsphäre unterwandert hat. Im Vorwort heißt es:

Nicht wenige Bücher beschreiben die äußeren Umstände des Terrors – die Verhaftungen und Prozesse, die Versklavung und die Morde im Gulag –, doch in diesem Buch wird der Einfluss des Terrors auf das Privat- und Familienleben zum ersten Mal tief lotend untersucht. Wie gestaltete das Sowjetvolk sein persönliches Leben in den Jahren von Stalins Herrschaft? Was dachten und fühlten die Menschen wirklich? Was für ein Privatleben war in der Enge von Gemeinschaftswohnungen möglich, in denen der größte Teil der Stadtbevölkerung lebte? Unter Verhältnissen, in denen sich ganze Familien – und oft mehr als eine – ein Zimmer teilten und jedes Gespräch im Nebenzimmer mitzuhören war? Was war das für ein Privatleben, wenn der Staat durch Gesetzgebung, Überwachung und ideologische Kontrolle Einfluss auf fast alles hatte, was dazugehörte? [...]
[...] Denn nur wenige Familien blieben vom stalinistischen Terror verschont. Nach vorsichtigen Schätzungen waren ungefähr 25 Millionen Men-

schen zwischen 1928, als Stalin die Parteiführung übernahm, und 1953, als der Diktator starb, Repressalien durch das Sowjetregime ausgesetzt. Mit seinem Tod endete allerdings nur seine Terrorherrschaft, nicht jedoch das repressive System, das er im Laufe eines Vierteljahrhunderts aufgebaut hatte. Jene 25 Millionen – Opfer von Erschießungskommandos, Gulag-Häftlinge, in „Sondersiedlungen" verbannte „Kulaken", Arbeitssklaven und Angehörige deportierter Nationen – repräsentierten etwa ein Achtel der Sowjetbevölkerung, deren Zahl im Jahr 1941 rund 200 Millionen betrug, oder durchschnittlich eine Person aus jeweils anderthalb Familien. Diese Zahlen schließen weder die Opfer von Hungersnöten noch die Toten des Zweiten Weltkriegs ein. Neben den Millionen, die starben oder versklavt wurden, gab es Abermillionen, die Verwandten von Stalins Opfern, deren Leben auf schwerwiegende Weise geschädigt wurde – mit tief greifenden sozialen Folgen, die sich noch heute auswirken. Nach Jahren der Trennung durch den Gulag konnten Familien nicht ohne Weiteres wieder zueinander finden; Beziehungen lösten sich auf, und es gab kein „normales Leben" mehr, zu dem man zurückkehren konnte.

Eine sich in Stillschweigen hüllende konformistische Bevölkerung ist eine der dauerhaften Konsequenzen von Stalins Herrschaft. [...] In einer Gesellschaft, in der Menschen wegen ihrer losen Zunge verhaftet werden konnten, überlebten Familien dadurch, dass sie sich abkapselten. Sie lernten, ein Doppelleben zu führen, in dem sie nicht nur vor den Augen und Ohren gefährlicher Nachbarn, sondern manchmal sogar vor denen ihrer eigenen Kinder Informationen und Meinungen, religiöse Überzeugungen, Familienwerte und -traditionen sowie private Lebensumstände verbargen, die von den öffentlichen Normen der Sowjetunion abwichen. Sie lernten zu flüstern.

O. Figes, Die Flüsterer, Berlin 2008, S. 26 ff.

M 26 „So schlagen sie Prozente auf."
Auf dem Schild oben steht „Planerfüllung", auf dem Papierberg unten „Pripiski"!, das heißt soviel wie „fingierte Zahlen".
„Prawda", September 1979, aus: Stern 23/1980

M 27 Das Aufsichts- und Kontrollsystem

Zdeněk Mlynar, Reformkommunist und ehemaliger ZK-Sekretär der Kommunistischen Partei der Tschechoslowakei während des Prager Frühlings 1968, charakterisiert die Überwachung der Gesellschaft nach Beendigung des stalinistischen Massenterrors:

Wenn man den politischen Massenterror in seiner klassischen Form als unerlässliches Merkmal des Stalinismus ansieht, könnte man sagen: Der Stalinismus ist heute überwunden. Wenn man hingegen die polizeiliche Überwachung der ganzen Gesellschaft, die Kontrolle jeder politischen oder auch nur gedanklichen Bewegung als Hauptmerkmal einstuft, bleibt der Stalinismus aktuell. Dieses Aufsichts- und Kontrollsystem nämlich besteht in den Staaten des sowjetischen Typs in vollem Umfang weiter. Im Gegensatz zu früher verfolgt die Polizeiaufsicht heute nicht mehr das Ziel, ausnahmslos alle entlarvten Personen mit kritischen und oppositionellen Einstellungen sogleich vors Gericht zu bringen. Es kommt ihr in erster Linie darauf an, solche Fälle offenkundig zu halten. Die Staatsmacht beschränkt sich darauf, gegen die aktiven oppositionellen Minderheiten mit Strafen vorzugehen, und auch dies tut sie nur in jenem Umfang, den sie zur Abschreckung der übrigen Bürger für notwendig erachtet. Gegen das Gros der Vertreter oppositioneller Tendenzen schreitet sie auf andere Art ein:
– durch das Verbot, eine Reihe von attraktiven Berufen auszuüben;
– durch Verringerung des Einkommens;

- durch erschwerte Studienchancen für die Kinder;
- durch Verwaltungs-Schikanen gegen Verwandte usw.

Jeder Bürger weiß und soll wissen, dass er beobachtet und kontrolliert wird, dass er mit seiner Verhaftung rechnen muss, wenn er einen Anlass hierfür gibt. Wie eh und je gilt somit das Grundprinzip des Massenterrors: Der Mensch kann aus politischen Gründen und aus purer Willkür gebrandmarkt werden. Gegenüber der Stalinzeit hat die derzeitige Vorgangsweise indessen zwei wesentliche neue Auswirkungen:

1. Das Entstehen einer sogenannten Dissidentenbewegung (unter Stalin undenkbar, weil ihre Mitglieder sofort verhaftet und größtenteils getötet worden wären) ist möglich geworden. Sobald sich ein Einzelner oder eine kleine Gruppe bereit findet, den geforderten Preis für das Recht auf die Äußerung kritischer Gedanken zu zahlen, können diese auch tatsächlich geäußert werden. Der Preis kann
- im Verlust des Arbeitsplatzes bestehen,
- im Verlust der Stadtwohnung,
- in der Abschaltung des Telefons,
- der Beschattung durch die Polizei,
- dem Risiko einer Verhaftung.

Er wurde genügend hoch angesetzt, um der Staatsmacht die Gewähr zu geben, dass ihn nicht viele Leute zahlen wollen, d. h., dass sich die öffentliche Regimegegnerschaft auf kleine Gruppierungen beschränkt.

2. Der Einzelne hat solcherart eine Wahlmöglichkeit, die es früher nicht gab. Er kann sein Verhalten mit sich und seinem Gewissen ausmachen, denn er kennt den Preis. Jedermann weiß heute, dass er den Unterdrückungsmaßnahmen ausweichen kann, indem er sich den von der Obrigkeit angebotenen „Spielregeln" beugt, er muss sich wenigstens nach außen hin gegenüber dem Regime loyal verhalten und darf seine wahren Ansichten nicht öffentlich äußern.

Z. Mlynar, Stalins Geist heute, Dokument und Analyse, Januar 1980

M 28 Zensur

Der Historiker und Journalist David Pryce-Jones über die sowjetischen Mechanismen der Informationslenkung:

Der Parteistaat gab sich große Mühe, die Informationen über diese häufigen und unvermeidlichen Interessenkonflikte, Meinungsverschiedenheiten und Kämpfe um persönlichen Machtgewinn nicht nach außen dringen zu lassen. Es gab eine absolute Zensur. Die Liste der Themen, über die die Journalisten nicht berichten durften, war fünf Druckseiten lang. Informationen über die Nomenklatura waren ein Staatsgeheimnis. Statistiken waren nie objektiv, sondern immer ein Instrument in den Händen jener, die ihr eigenes Vorwärtskommen im Auge hatten; folglich wurden Zahlen unterdrückt oder frei erfunden. Jahr für Jahr ging der sowjetische Haushaltsplan bis auf den Rubel auf. Schon das allein hätte Zweifel wecken müssen. Niemand wusste, woher das Geld kam. Da der Rubel nicht konvertibel war, kannte niemand seinen wahren Wert. Und niemand wusste Bescheid über die Summen, die für den KGB oder die Verteidigung ausgegeben wurden.

Nach den Worten von Tatjana Saslawskaja, einer bekannten Intellektuellen, wurden „Kriminalitätsstatistiken ebenso wenig veröffentlicht wie Selbstmordraten, Daten über Drogen- und Alkoholmissbrauch oder über die ökologische Situation in verschiedenen Städten und Regionen". Es gab keine Zahlen über die Migration der Bevölkerung oder die Ausbreitung von Krankheiten. Sie folgerte daraus, dass es wohl kaum eine einzige Entscheidung der Administration über lebenswichtige Belange der Bevölkerung gab, die auf verlässlichen Zahlen basierte.

Das ganze Land wurde zur Arena der vielfältigen Machtkämpfe, die unter völliger Missachtung der Konsequenzen ausgefochten wurden. Im Laufe der Jahre hatte die Armee ungefähr 2 500 Orte übernommen, die nun den Kern des militärisch-industriellen Komplexes bildeten. Diese Städte und ihr Umland, fast die Hälfte des Landes, waren für Ausländer nicht zugänglich, denn Ausländer betrachtete man als potenzielle Spione, die die Rüstungsfabriken auskundschaften sollten. Diese Fabriken hatten ebenso wie die anderen Betriebe bei ihrem Streben nach höherer Produktivität keinerlei Auflagen einzuhalten, sie „produzierten um der Produktion willen". So wie Raschidow [erster Sekretär von Usbekistan] mit seiner Baumwolle schreckten auch die Fabrikdirektoren vor nichts zurück. Die Luft- und Wasserverschmutzung war in der Sowjetunion schlimmer als in irgendeinem anderen Land der Welt und überstieg die erlaubten Grenzwerte um das Zehn- bis Fünfundzwanzigfache. Nach Georgij Golizyn, Vizepräsident der Russischen Akademie der Wissenschaften und Spezialist für Ökologie, hatte die Technik der Bodenbewirtschaftung zu Entwaldung, Verstep-

M 29 Kommunistische Demonstration am 1. Mai 2005 in Moskau, in: Spiegel Special 4/07

pung, Erosion und Bodenvergiftung geführt. Von den 600 Millionen Hektar Anbaufläche war ungefähr die Hälfte stark geschädigt. Die größte ökologische Katastrophe der Welt ist die Austrocknung des Aralsees, der ebenso für die Bewässerung der Baumwollfelder angezapft wurde wie die Flüsse Amudarja und Syrdarja, deren Trockenlegung sich bedrohlich auf das Klima Zentralasiens auswirkt. Der amerikanische Experte Murray Feshbach wies als Erster auf die Umweltzerstörung in den ländlichen Gebieten der Sowjetunion hin, und in einem Buch, das er unter dem Titel *Ecocide in the USSR* gemeinsam mit Alfred Friendly schrieb, kommt er zu dem Schluss: „Kein anderes großes Industrieland hat Boden, Luft, Wasser und Menschen so systematisch und über einen so langen Zeitraum hinweg vergiftet. Kein anderes Land hat sich so gerühmt, alles für die Gesundheit der Menschen und den Schutz der Umwelt zu tun, und gleichzeitig diese beiden Werte mit Füßen getreten ... sie trieb Raubbau an sich selbst, indem sie die Gesundheit der Bevölkerung gefährdete."

Anders gesagt: Der Mangel an gesetzlich geregelter Verantwortlichkeit auf allen Ebenen führte dazu, dass der Kommunismus in der Realität der ungehinderten Plünderung und Zerstörung diente. Der Parteistaat ermutigte die Profiteure. Hätte sich dieser Vorwurf in der Öffentlichkeit erhärten lassen, wären Lügen, Betrug und Korruption eingestanden worden, dann hätte die Partei ihren Führungsanspruch in der sowjetischen Gesellschaft verloren. Seit Lenins Tagen hatte jeder Parteiführer betont, dass die Einheit der Partei mit allen Mitteln verteidigt werden müsse, ohne Rücksicht darauf, wie viel Verschleierung und Verfälschung dafür nötig war. Andernfalls wäre es zum Fraktionismus gekommen, dem kommunistischen Begriff für Machtkämpfe, die so unerbittlich geführt wurden, dass die beteiligten Parteien vor nichts mehr zurückschreckten. Das war, wie die politischen Führer wussten, der einzige Weg, das Monopol des Parteistaates zu brechen.

D. Pryce-Jones, Der Untergang des russischen Reiches, Reinbek bei Hamburg 1995, S. 93 ff.

M 30 Stalin ist wieder salonfähig geworden

Der Publizist Michael Ludwig schildert den Stalin-Mythos in Russland:

MOSKAU, 10. Dezember
In der Sendereihe „Der Name Russlands" können russische Fernsehzuschauer seit einiger Zeit abstimmen, wer aus dem Führungspersonal in der russischen Geschichte der Größte sei. Stalin hält sich in dieser Rangliste dauerhaft auf einem der ersten drei Plätze, zeitweise lag er sogar in Führung. Es ist nicht ausgeschlossen, dass „Väterchen Stalin" am Jahresende, wenn in Russland „Väterchen Frost" die Geschenke bringt, in der Schlussabrechnung der Zuschauerstimmen vorne liegt – vor Zar Peter

dem Großen, der Russland Anfang des 18. Jahrhunderts in die Neuzeit zwingen wollte, und vor Fürst Alexander Newskij, der im 13. Jahrhundert die Deutschordensritter daran hinderte, Nordrussland zu erobern. Der russische Stalinismusforscher Oleg Chlewnjuk ist der Ansicht, die Menschen, die für Stalin stimmten, stimmten für einen Mythos, der mit der historischen Wirklichkeit nichts zu tun habe. Aber dieser Mythos hat nicht nur im russischen Fernsehen Konjunktur, sondern auch in den Buchläden, besonders in den Regalen mit Trivialliteratur, und in den Zeitungskiosken, vor allem in der Boulevardpresse und Tageszeitungen wie der kremlnahen „Iswestija".

In einer neuen Anleitung für russische Geschichtslehrer werden die Millionen von Opfern des Stalin-Terrors als unabdingbarer Preis für die Modernisierung Russlands unter Stalin „vom Hakenpflug zur Atombombe" und für den Sieg im „Großen Vaterländischen Krieg" gegen Hitlerdeutschland ausgegeben. In einer im Sommer bekannt gewordenen „Konzeption" für ein verbindliches Schulgeschichtsbuch zu den Jahren 1900 bis 1945 heißt es, im Unterricht solle der Schwerpunkt auf „die Erklärung der Logik und der Motive für die Handlungen der Staatsmacht" gelegt werden. Dass der Kommunistenführer Gennadij Sjuganow ein Buch mit dem Titel „Stalin und die Gegenwart" verfasst hat, in dem er in Stalins Schriften nach Ansätzen für die Lösung heutiger Probleme sucht, verwundert da kaum noch.

Arsenij Roginskij, der Vorsitzende der Menschenrechtsorganisation „Memorial", sagt, führende Politiker Russlands lobten Stalin zwar nicht direkt, zumindest nicht öffentlich. Sie versuchten aber sehr wohl, die Stimmung in der Bevölkerung für sich auszubeuten, für die aus Sehnsucht nach der früheren Größe des Landes der Sieg im Zweiten Weltkrieg große Bedeutung hat. Dieser Sieg aber wird noch immer vor allem Stalin zugeschrieben. Unter der Hand werde Stalin gewissermaßen rehabilitiert, wenn Politiker immer und immer wieder auf diesen Sieg verweisen und, daran anknüpfend, neue Größe für Russland versprächen, sich also sozusagen, ohne den Namen Stalins zu nennen, an dessen Popularität mästeten.

M. Ludwig, Stalin-Mythos im Schneeballeffekt, in: Frankfurter Allgemeine Zeitung, 11.12.2008.

M 31 „100 Millionen Tote"

Der französische Historiker Stéphane Courtois zieht eine Bilanz kommunistischer Herrschaft im 20. Jahrhundert. Die vorgelegten Zahlen der Opfer sind in ihrer Tendenz unbestritten. Bei dem folgenden Textauszug handelt es sich um eine Zusammenfassung des „Schwarzbuch des Kommunismus" (1997):

Über einzelne Verbrechen, punktuelle, situationsbedingte Massaker hinaus machten die kommunistischen Diktaturen zur Festigung ihrer Herrschaft das Massenverbrechen regelrecht

M 32 Mit Marx, Engels, Lenin und Stalin: Demonstration von Anhängern der türkischen Marxistisch-Leninistischen Kommunistischen Partei auf einer PDS-Kundgebung an der Sozialisten-Gedenkstätte in Berlin-Friedrichsfelde am 13. Januar 2002

zum Regierungssystem. Zwar ließ der Terror nach einer bestimmten Zeit – von einigen Jahren in Osteuropa bis zu mehreren Jahrzehnten in der Sowjetunion oder in China – allmählich nach, und die Regierungen stabilisierten sich in der Verwaltung der alltäglichen Unterdrückung mittels Zensur aller Kommunikationsmedien, Grenzkontrollen und Ausweisung von Dissidenten. Doch garantierte die Erinnerung an den Terror weiterhin die Glaubwürdigkeit und damit die Effektivität der Repressionsdrohung. Keine Spielart des Kommunismus, die einmal im Westen populär war, ist dieser Gesetzmäßigkeit entgangen – weder das China des „Großen Vorsitzenden" noch das Korea Kim Il-Sungs, nicht einmal das Vietnam des freundlichen „Onkels Ho" oder das Kuba des charismatischen Fidel, dem der unbeirrbare Che Guevara zur Seite stand, nicht zu vergessen das Äthiopien Mengistus, das Angola Netos und das Afghanistan Najibullahs.

Aber eine legitime und normale Bewertung der Verbrechen des Kommunismus fand nicht statt, weder aus historischer noch aus moralischer Sicht. Wahrscheinlich ist dies einer der ersten Versuche, sich mit dem Kommunismus unter dem Gesichtspunkt der verbrecherischen Dimension als einer zugleich zentralen und globalen Fragestellung zu beschäftigen. Man wird diesem Ansatz entgegenhalten, dass die meisten Verbrechen einer „Legalität" entsprachen, die wiederum von Institutionen ausgeübt wurde, die zu etablierten, international anerkannten Regierungen gehörten, deren Chefs von unseren eigenen politischen Führern mit großem Pomp empfangen wurden. Doch verhielt es sich mit dem Nazismus nicht genauso? Die hier dargestellten Verbrechen werden nicht nach der Gesetzgebung kommunistischer Diktaturen definiert, sondern nach den nicht schriftlich niedergelegten, natürlichen Rechten des Menschen.

Die Geschichte der kommunistischen Regime und Parteien, ihrer Politik, ihrer Beziehungen zur Gesellschaft in den jeweiligen Ländern und zur Völkergemeinschaft erschöpft sich nicht in dieser Dimension des Verbrechens, auch nicht in einer Dimension des Terrors und der Unterdrückung. In der Sowjetunion und den „Volksdemokratien" schwächte sich der Terror nach Stalins, in China nach Maos Tod ab, die Gesellschaft gewann wieder Farbe, die „friedliche Koexistenz" wurde – selbst als „Fortsetzung des Klassenkampfs in anderer Form" – zu einer Konstante der internationalen Beziehungen. Dennoch belegen die Archive und unzählige Zeugenaussagen, dass der Terror von Anfang an ein Grundzug des modernen Kommunismus war. Verabschieden wir uns von der Vorstellung, diese oder jene Geiselerschießung, dieses Massaker an aufständischen Arbeitern oder jene Hungersnot, der man zahllose Bauern zum Opfer fallen ließ, sei lediglich dem zufälligen Zusammentreffen unglückseliger Umstände zuzurechnen, die sich nur in eben diesem Land oder zu jener Zeit ergeben konnten. Unser Ansatz geht über spezifische Themenkomplexe hinaus und untersucht die verbrecherische Dimension als eine, die für das gesamte kommunistische System charakteristisch war, solange es existierte. [...]

In erster Linie geht es hier nur um die Verbrechen an Personen, den Kern des terroristischen Phänomens. Sie haben eine gemeinsame Nomenklatur, auch wenn, je nach Regime, die eine oder andere Praxis stärker ausgeprägt ist: Hinrichtung mit verschiedenen Mitteln (Erschießen, Erhängen, Ertränken, Prügeln; in bestimmten Fällen Kampfgas, Gift, Verkehrsunfall), Vernichtung durch Hunger (Hungersnöte, die absichtlich hervorgerufen und/oder nicht gelindert wurden), Deportation (wobei der Tod auf Fußmärschen oder im Viehwaggon eintreten konnte oder auch am Wohnort und/oder bei Zwangsarbeit durch Erschöpfung, Krankheit, Hunger, Kälte). Die Zeiten des sogenannten Bürgerkriegs sind komplizierter zu beurteilen: Hier ist nicht leicht zu unterscheiden, was zum Kampf zwischen Staatsmacht und Rebellen gehört und was ein Massaker an der Zivilbevölkerung ist. Dennoch können wir eine erste Bilanz ziehen, deren Zahlen zwar nur eine Annäherung und noch zu präzisieren sind, die aber, gestützt auf persönliche Schätzungen, die Größenordnung aufzeigen und klarmachen, wie wichtig dieses Thema ist:

– Sowjetunion: 20 Millionen Tote
– China: 65 Millionen Tote
– Vietnam: eine Million Tote
– Nordkorea: zwei Millionen Tote
– Kambodscha: zwei Millionen Tote
– Osteuropa: eine Million Tote
– Lateinamerika: 150 000 Tote
– Afrika: 1,7 Millionen Tote
– Afghanistan: 1,5 Millionen Tote
– kommunistische Internationale und nicht an der Macht befindliche kommunistische Parteien: etwa 10 000 Tote.

Alles in allem kommt die Bilanz der Zahl von hundert Millionen Toten nahe.

aus: Frankfurter Allgemeine Zeitung, 26.11.1997.

2.2 Sowjetische Außenpolitik

Die Grundzüge der sowjetischen Außenpolitik erschließen sich zunächst aus dem Umstand, dass die Bolschewiki in einem agrarisch geprägten (heute würde man sagen: unterentwickelten) Land mit wenigen industriellen Kernen die Macht an sich gerissen hatten.

Das Konzept der marxistischen Revolution sah hingegen im entwickelten Industriestaat die Basis für die Machtübernahme durch die Arbeiterklasse. Folglich befand sich Lenin mit seiner von ihm inspirierten Oktoberrevolution im Widerspruch zur kommunistischen Revolutionstheorie. In der Folge sahen daher die meisten bolschewistischen Führer den Schlüssel zur Weltrevolution in Deutschland. Eine dortige kommunistische Machtübernahme würde russische Rohstoffe und deutsche Technologie zusammenbringen und somit die reale Basis für die proletarische Weltrevolution schaffen. Bekanntlich scheiterten aber alle von Russland unterstützten Versuche der Kommunistischen Partei Deutschlands (KPD), die Weimarer Republik in eine Sowjetrepublik zu revolutionieren.

Im Zuge der stalinschen Maßgabe des „Aufbaus des Sozialismus in einem Land" fand ein massiver Ausbau der Roten Armee statt. Es ist nicht verkehrt, die UdSSR als einen Militärstaat zu bezeichnen – und zwar auch schon vor dem Zweiten Weltkrieg. Der Sieg über Hitler-Deutschland veränderte nach 1945 das Machtgefüge zugunsten der Sowjetunion. In den Jahren danach erfolgte der Aufstieg zur Supermacht. Im Laufe der Sechzigerjahre erreichte sie die nukleare Parität und damit die militärische Ebenbürtigkeit mit den USA.

Die Rivalität zwischen der Sowjetunion und den westlichen Mächten nahm unter anderem die Form eines Rüstungswettlaufs an, bei dem die USA allerdings technologisch „die Nase vorn hatten". Diese Jahrzehnte des Kalten Kriegs standen aber dennoch unter dem Vorzeichen des „Gleichgewichts des Schreckens". Denn beide Weltführungsmächte besaßen die Fähigkeit zur Zerstörung des Gegners. Für diese Situation hat sich das Kürzel MAD (Mutual Assured Destruction), also die letztendlich beiderseitige Vernichtung, eingeprägt. Anders ausgedrückt: „Wer als Erster schießt, stirbt als Zweiter."

Die Kuba-Krise von 1962 bedeutete einen Wendepunkt in der Nachkriegsgeschichte. Die Blockführungsmächte und mit ihnen die gesamte Welt standen am Rand einer militärischen Konfrontation und damit eines möglichen nuklearen Schlagabtauschs. Die Kuba-Krise ließ die politisch Verantwortlichen erschrecken. Der Schock führte zu einem Umdenken im Kalten Krieg. Es gibt gute Gründe, in der Kuba-Krise die Geburtsstunde der Entspannungspolitik zu sehen. Die unbedingte Feindschaft verwandelte sich langsam in ein globales Konkurrenzverhältnis. Aus dem Feind wurde so ein Gegner, mit dem man Geschäfte machen und Rüstungskontrollverträge abschließen konnte. Man kann sagen, der Kalte Krieg mündete in einer Art Waffenstillstand. Die Beziehungen wurden sachlicher, und der Gegner verlor sein Image als Dämon. Diese „friedliche Koexistenz" bezog sich allerdings nur auf den europäischen Bereich. Die sowjetische These von der „Vermeidbarkeit von Kriegen" galt nicht für sogenannte Befreiungskriege. Die Rivalität zwischen den Blöcken blieb also erhalten. Sie verlagerte sich in die Dritte Welt.

M 1 Verlängerung der brüderlichen Bande (Warschauer Pakt), Karikatur von Peter Leger, 1985.

M 2 Nationalitäten- und Kolonialfrage

Der II. Kongress der Komintern verabschiedete 1920 u. a. folgende Leitsätze mit programmatischer Bedeutung:

[…] Die weltpolitische Situation hat jetzt die Diktatur des Proletariats auf die Tagesordnung gesetzt, und alle Ereignisse der Weltpolitik konzentrieren sich unvermeidlich um einen einzigen Mittelpunkt, und zwar um den Kampf der Weltbourgeoisie gegen die russische Sowjetrepublik, die einerseits die Sowjetbewegungen der Arbeitervorhut aller Länder und andererseits alle nationalen Freiheitsbewegungen der Kolonien und der unterdrückten Völkerschaften um sich schart, die sich durch bittere Erfahrung überzeugt haben, dass es für sie keine Rettung gibt, außer ihrer Verbindung mit dem revolutionären Proletariat und dem Sieg der Sowjetmacht über den Weltimperialismus.

[…] Folglich darf man sich gegenwärtig nicht auf die bloße Anerkennung oder Proklamierung der Annäherung der Werktätigen verschiedener Nationen beschränken, sondern muss eine Politik der Verwirklichung des engsten Bündnisses aller nationalen und kolonialen Freiheitsbewegungen mit Sowjetrussland führen, wobei die Formen dieses Bündnisses von der Entwicklungsstufe der kommunistischen Bewegung unter dem Proletariat jedes Landes oder der revolutionären Freiheitsbewegung in den zurückgebliebenen Ländern und unter den rückständigen Nationalitäten bestimmt werden.

Zit. nach: E. Krautkrämer, Internationale Politik im 20. Jahrhundert, Bd. 1 (1919–1939), Frankfurt/M. 1976, S. 17.

M 3 Weltrevolution

Das marxistisch-leninistische Revolutionskonzept wird im Folgenden von dem Ostexperten Wolfgang Leonhard dargestellt:

Zunächst eins: Begriff und Zielsetzung der Weltrevolution haben sich seit Marx und Engels beträchtlich gewandelt. Marx und Engels verstanden unter dem heute so geläufigen Begriff „Weltrevolution", den sie selbst übrigens nicht benutzt haben, den gleichzeitigen Sieg einer sozialen Revolution der Arbeiterschaft in den entwickelten Industrieländern Europas, vor allem in England, Frankreich und Deutschland sowie in Nordamerika. Im ersten Viertel unseres 20. Jahrhunderts, zu einer Zeit, als die ersten nationalen Befreiungsbewegungen in Asien sichtbar wurden, entwickelte Lenin, der den Begriff „Weltrevolution" erstmalig gebrauchte, seine Idee vom Zusammenfließen der sozialistischen Revolution der Arbeiterklasse in den Industrieländern Europas mit den kolonialen Befreiungsbewegungen in den Ländern Asiens. Nachdem die erste Welle revolutionärer Erhebungen im Gefolge des Ersten Weltkrieges zusammengebrochen und Sowjetrussland für eine geraume Zeit allein geblieben war, entwickelte Stalin in den Jahren 1924 bis 1926 die These vom „Sozialismus in einem Land". Dadurch ergab sich auch eine Veränderung der Weltrevolutionskonzeption, die von Stalin nun als ein „Kampf zwischen zwei Systemen" gesehen wurde: des sowjetkommunistischen auf der einen und des kapitalistischen Systems auf der anderen Seite. Der Kampf dieser beiden Systeme sollte, laut Stalin, Inhalt und Tendenz der Weltrevolution bestimmen. Nicht mehr die revolutionäre Entwicklung, sondern die Stärke der Sowjetunion stand nun im Mittelpunkt; die Kommunisten aller Länder wurden daher ausdrücklich von Stalin verpflichtet, die Sowjetunion kritiklos zu unterstützen, zu verteidigen und zu schützen.

Erst Mitte der Fünfzigerjahre, unter dem Eindruck der gewachsenen Macht und Stärke der UdSSR und einer Reihe erfolgreicher nationaler Befreiungsbewegungen in Asien, Afrika und Lateinamerika, wurde schließlich die neue, jetzt gültige Konzeption der Weltrevolution ausgearbeitet, die nun als „weltrevolutionärer Prozess" bezeichnet wird, der durch das Zusammenwirken von „drei revolutionären Strömen" erfolgen werde: Erstens, dem sozialistischen Weltsystem, also der Sowjetunion und ihrer Bündnispartner, die in einem wirtschaftlichen Wettbewerb den Kapitalismus überholen sollen und damit das gesamte Weltgeschehen politisch entscheidend bestimmen könnten. Als zweite revolutionäre Kraft folgt dann die Arbeiterklasse in den westlichen Industriestaaten, deren Ziel es sein soll, in ihrem Bereich das kapitalistische System zu überwinden.

Die dritte revolutionäre Kraft schließlich sind die nationalen Befreiungsbewegungen, die in den neuen Staaten Asiens, Afrikas und Lateinamerikas innenpolitisch einen nichtkapitalistischen Entwicklungsweg gehen und sich außenpolitisch mehr und mehr an den Ostblock anlehnen sollen. Das Zusammenfließen dieser drei Prozesse garantiere, nach sowjetischer Auffassung, den Übergang vom Kapitalismus zum Sozialismus und Kommunismus im Weltmaßstab. Die Weltrevolution bleibt somit ein langfristiges ideologisch-politisches Ziel der sowjetischen Kommunisten. Allerdings sind die Sowjetführer in der Praxis heute nicht immer bereit, die revolutionäre Bewegung in allen Ländern mit vollem Einsatz zu unterstützen, weil sie sich über das Risiko möglicher militärischer und politischer Konflikte mit dem Westen im Klaren sind und vor allem befürchten müssen, dass eventuell entstehende neue kommunistische Länder keineswegs immer der Sowjetunion folgen werden. Die sowjetische Einsatzbereitschaft dürfte vor allem dann relativ groß sein, wenn 1. die Sowjetführung das Risiko einer Verschlechterung der Beziehung zu den Westmächten gering einschätzt und 2. es sich im betreffenden Land zur betreffenden Zeit um eine moskauhörige Partei handelt, auf die sich die sowjetische Führung voll und ganz verlassen kann. Ökonomische und politische Krisenerscheinungen im Westen können die sowjetische Einsatzbereitschaft ebenfalls stärken – aber es gibt wichtige Gegenfaktoren, vor allem die staatlich-ökonomischen Interessen der Sowjetunion und die zunehmenden Verselbstständigungstendenzen in der kommunistischen Weltbewegung. Je größer diese Autonomiebestrebungen sind, um so mehr verstärkt sich im sowjetischen Establishment das Bestreben, sich auf die eigenen sowjetischen Kräfte zu verlassen und mit eigenen Mitteln den sowjetischen Einfluss auszudehnen.

W. Leonhard, Was ist Kommunismus?, Gütersloh 1976, S. 118 f.

M 4 Die Sowjetisierung Osteuropas

Der britische Historiker Hugh Seton-Watson schildert die methodische Vorgehensweise der Kommunisten:

Das erste Stadium war eine echte Koalition. Mehrere, ihrer sozialen Basis, Ideologie und programmatischen Zielsetzung nach unterschiedliche Parteien, die darüber hinaus noch ihre eigenen Organisationen hatten, schlossen sich zur Durchführung eines Aktionsprogramms für die nächste Zukunft (wozu namentlich die „Säuberung" von Faschisten, ziemlich radikale Sozialreformen, politische Freiheit und eine der UdSSR wie den Westmächten freundlich gesonnene Außenpolitik gehörten) zu einem Kabinett zusammen. Es bestand wirkliche Rede- und Versammlungsfreiheit, und es gab so gut wie keine politische Zensur, abgesehen von einem Gegenstand, der UdSSR. Nicht nur, dass die sowjetische Politik nicht kritisiert werden durfte: Es war auch kaum möglich, etwas über Russland zu schreiben, was nicht mit der offiziellen politischen Linie übereinstimmte. Das schien aber ein kleiner Kaufpreis zu sein. Abgesehen davon konnte eine große Vielfalt von Meinungen, die verschiedenen politischen Ansichten und sozialen Schichten entsprachen, frei zum Ausdruck gebracht werden. Dennoch sicherten sich bereits in diesem ersten Stadium die Kommunisten Kontrollstellen in den meisten „Machthebeln", insbesondere in der Sicherheitspolizei, im Generalstab und im Nachrichtennetz. […]

Das zweite Stadium kann als Schwindelkoalition bezeichnet werden. Den Regierungen gehörten noch nichtkommunistische Parteien an, aber sie wurden von Männern vertreten, die nicht mehr von der Partei, sondern von den Kommunisten ausgesucht waren. Das wesentliche Charakteristikum dieses Stadiums bestand darin, dass man die bäuerlichen und einige bürgerliche Parteien, die anfänglich noch geduldet worden waren, in die Opposition drängte. In diesem Stadium wurde Opposition noch geduldet, aber immer schwieriger gemacht. Es gab noch eine oppositionelle Presse, aber ihr Vertrieb in der Hauptstadt war gefährlich und in der Provinz nahezu unmöglich. Die Zensur war nicht mehr eine Angelegenheit der Regierung allein, sondern auch der unter kommunistischer Kontrolle stehenden Buchdruckergewerkschaften, die „sich entrüstet weigern, reaktionäre Artikel gegen die ‚Volksbehörden' zu drucken". Oppositionelle Versammlungen wurden von kommunistischen „Schreikommandos" gestört, während die Polizei – „objektiv" wie sie war – weder etwas gegen die Angreifer noch gegen die Angegriffenen unternahm. In Polen gab es dieses Stadium seit der „Befreiung". […] Es ging im Herbst 1947 zu Ende. In Bulgarien und Rumänien dauerte es vom Frühjahr 1945 bis zum Herbst 1947. […] In Ungarn dauerte das zweite Stadium etwa ein Jahr lang (Frühjahr 1947 bis Frühjahr 1948) und wurde endgültig erst mit der Verhaftung des Kardinals Mindszenthy und der Auflösung von Baránkovics' Katholischer Partei Ende 1948 beseitigt. Die Tschechoslowakei sprang 1948 fast direkt vom ersten ins dritte Stadium, denn nach der (Polizei-)„Revolution" im Februar wurde keine Opposition mehr geduldet.

Das dritte Stadium ist das „monolithische" Regime. Es gibt nunmehr *eine* von den Kommunisten geleitete „Front" mit *einer* Hierarchie, *einem* zentralisierten Drill und *einer* Organisation. Ein wichtiges Merkmal dieses Stadiums ist die erzwungene Fusion der gründlich gesäuberten sozialdemokratischen Parteien mit den kommunistischen zu einer sozialistischen Einheitspartei der Arbeiter. […]
Im dritten Stadium wird alle offene Opposition unterdrückt, und ihre Wortführer fliehen entweder ins Ausland oder werden als „Spione der westlichen Imperialisten" verhaftet oder hingerichtet oder zu langen Kerkerhaften verurteilt. Das dritte Stadium wurde in Jugoslawien und Albanien bereits 1945 eingeführt, in den anderen Ländern wurde es nach der Gründung der Kominform[1] energisch vorangetrieben und Ende 1948 zum Abschluss gebracht.

1 Kommunistisches Informationsbüro (1947–1956): Nachfolgeorgan der Komintern

H. Seton-Watson, Die osteuropäische Revolution, München 1956, S. 159 ff.

M 5 Sowjetisch-amerikanische Beziehungen

Der Ostexperte W. Berner stellt die Veränderungen im weltpolitischen Verhältnis zwischen 1945 und 1977 dar:

1. Das […] globale Rivalitätsverhältnis zwischen USA und UdSSR lässt sich auf das Ergebnis des 2. Weltkriegs zurückführen: Bei dessen Beendigung konnten nur noch diese beiden Großmächte wirklichen Weltmachtrang für sich beanspruchen. Beide verfügten über gegensätzliche revolutionäre Traditionen, die auch in einer starken missionarischen Komponente der außenpolitischen Grundkonzeptionen beider Seiten zum Ausdruck gelangten. Da die Sowjetführung bereits vor Beendigung des Krieges begann, Annexionen vorzubereiten (in Nordeuropa, Ost- und Südosteuropa, Nordiran, Zentralasien, Ostasien), ergaben sich sehr bald ernste Interessenkollisionen und bedrohliche Konfliktsituationen, die bis auf den heutigen Tag kein beiderseitiges ausgewogenes politisch-militärisches Degagement [hier = Konfliktreduzierung und Rüstungsbegrenzung] der Supermächte mehr zustande kommen ließen.

2. Von Anbeginn war es jedoch kennzeichnend für die Moskauer Politik gegenüber den USA, dass die Sowjetführung bei allen Expansionsbestrebungen stets mit Umsicht darauf bedacht war, eine unmittelbare militärische Konfrontation mit den rüstungstechnisch und wirtschaftlich weit überlegenen Amerikanern zu vermeiden. Diese Aufgabe steht nach wie vor im außenpolitischen Prioritätensystem der Sowjetunion an sehr hoher, wenn nicht an oberster Stelle. Sie kann in jedem Fall als operationale Hauptaufgabe der klassisch-konventionellen Sowjetdiplomatie angesehen werden.

3. Auf die sowjetischen Expansionstendenzen antwortete die amerikanische Außenpolitik zunächst mit der Strategie der „Eindämmung" (Containment), später mit einer auf „Zurückdrängung" (Roll-back) abzielenden Politik. In beiden Konzeptionen mischten sich moralisch-ideologische mit realpolitischen Elementen auf unterschiedliche Weise. In der Praxis waren die Auswirkungen im Wesentlichen dieselben: Die Sowjetunion und das sozialistische Lager wurden mit einem engmaschigen System von multilateralen Militärbündnissen (NATO, CENTO, SEATO, OAS) [North Atlantic Treaty Organization; Central Treaty Organization; South East Asia Treaty Organisation; Organization of American States], von bilateralen Allianzen und amerikanischen Militärstützpunkten umgeben.

4. Die sowjetische Führung reagierte auf die amerikanischen Strategien der „Eindämmung" und „Zurückdrängung" mit verstärkten Rüstungsanstrengungen, mit massiven Investitionen in den Bereichen der Nukleartechnologie, Raketentechnik und Weltraumforschung sowie mit harten militärischen Unterdrückungsmaßnahmen gegen Aufstände in ihrem eigenen Hegemonialbereich (DDR 1953, Ungarn 1956).

5. Auch die ersten sowjetischen Ansätze zu einer aktiven Arabienpolitik (Waffenlieferungen an Ägypten und Syrien 1955, Suez-Krise 1956) und Afrikapolitik (Guinea 1958, Kongo-Krise 1960/62) sind primär als Reaktion auf die amerikanische Zernierungspolitik [Einkreisungspolitik] zu deuten.

6. Die weltpolitische Rivalität der Supermächte blieb jedoch immer konditioniert durch eine Anzahl anderer Grundkonstanten ihrer beiderseitigen Interessenpolitik. Dazu gehört, dass für beide Weltmächte (und ebenso für die VR China) ein eindeutiges Festhalten am Primat der Innenpolitik zu konstatieren ist. Hieraus mindestens teilweise ableitbar ist die beiderseitige Verständigung darüber, dass den Supermächten nicht nur eine gemeinsame Verantwortung für die Aufrechterhaltung eines bipolaren (in Washington und Moskau verankerten) Systems der Friedenssicherung obliegt, sondern dass dieser Verpflichtung gegebenenfalls auch Vorrang gegenüber den Belangen wichtiger Bündnispartner beizumessen ist (so setzten die USA während der Suez-Krise gemeinsam mit der UdSSR sowohl Großbritannien und Frankreich als auch Israel unter Druck; das Viermächteabkommen über Berlin vom 3.9.1971 ignorierte in wesentlichen Punkten den Interessenstandpunkt der DDR). Weitere amerikanisch-sowjetische Interessenkonvergenzen bestehen u. a. im Bereich der Beschränkung der Atomrüstung und der Kernwaffen-Technologie.

7. Seit der Kuba-Krise vom Oktober 1962, mit der Chruschtschow möglicherweise einen Austausch Kuba/Berlin (West) anvisierte, und unter dem Eindruck des gleichzeitigen Zerwürfnisses mit Peking hat die Sowjetführung ihre USA-Politik gründlich überprüft und abschnittsweise revidiert.

8. Im militärischen Bereich konzentrierte sie sich fortan mittelfristig auf drei Hauptziele: Erreichung einer vertraglich abgesicherten „Parität" im Verhältnis zu den USA bei den strategischen Waffen; Schaffung eines regionalen militärischen Übergewichts der sowjetisch kontrollierten Warschauer-Pakt-Streitkräfte in Europa; Reduzierung der globalen militärischen und militärstrategischen Vorteile der USA und ihrer Alliierten durch forcierten Ausbau der sowjetischen Seestreitkräfte, durch die Schaffung hoch mobiler Einsatzverbände (nach dem Muster der US-Marineinfanterie) und durch erhebliche Vergrößerung und qualitative Verbesserung der Transportkapazitäten für solche Verbände.

9. Die sowjetische „Entspannungspolitik" gegenüber den USA im politisch-diplomatischen Bereich wurde ebenfalls bereits sehr bald nach dem Sturz Chruschtschows (Oktober 1964) neu konzipiert. Sie fußte primär auf der Erkenntnis, dass die Sowjetunion trotz angeblicher Überlegenheit ihres Wirtschaftssystems keineswegs im Begriff stand, die USA „in historisch kurzer Frist" hinsichtlich der Pro-Kopf-Produktion an Gütern und Dienstleistungen „einzuholen und zu überholen", wie Chruschtschow es angekündigt hatte, sondern vielmehr sektoral noch weiter zurückgeblieben war, wobei sich der Abstand in wichtigen Zweigen (wie dem der modernen Technologie) zusehends zu vergrößern drohte. Wirtschaftliche Zusammenarbeit mit dem Westen, Technologie-Transfer und Investitionshilfe des Westens (vor allem der USA) für Großprojekte sollten es der Sowjetführung ermöglichen, gleichzeitig den wirtschaftlich-industriellen Entwicklungsrückstand der UdSSR aufzuholen und das Programm der Erreichung nuklearer und militärstrategischer Parität im Verhältnis zu den USA zu realisieren. [...]

10. Die amerikanische Seite kam der Neuausrichtung der sowjetischen USA-Politik Anfang 1969, zum Beginn der Präsidentschaft Nixons, weit entgegen. Kissinger eröffnete damals mit der Devise „von der Konfrontation über Verhandlungen zur Kooperation" den ernsthaften Versuch, zu einem globalen Interessenausgleich zwischen USA und

UdSSR zu gelangen. Nixons und Kissingers Nahziel war dabei die Beendigung des amerikanischen Vietnam-Engagements, das sich für die USA zu einer nationalen Katastrophe zu entwickeln drohte, mit sowjetischem Beistand.

11. Kissingers Glaube an die Möglichkeit, im Einvernehmen mit der Sowjetführung [...] ein „stabileres Friedensgefüge" schaffen zu können, erwies sich als illusorisch. Diesbezügliche sowjetisch-amerikanische Vereinbarungen haben den Test des arabisch-israelischen Oktoberkriegs 1973 nicht überstanden. Nach der kubanisch-sowjetischen Intervention in Angola im November 1975 musste das von Nixon und Kissinger entwickelte Entspannungskonzept definitiv als gescheitert gelten.

12. Die sowjetische Seite sah sich indessen ebenfalls in ihren Hoffnungen enttäuscht: Das Volumen der amerikanischen Kredit- und Kooperationshilfe im kommerziellen und im technisch-wissenschaftlichen Bereich war hinter den Erwartungen weit zurückgeblieben. Die Verknüpfung des „Außenhandelsgesetzes 1974" durch den Senat der USA mit dem Problem der Judenauswanderung aus der Sowjetunion wurde von Breschnew, der sich als eifrigster Entspannungsvorkämpfer profiliert hatte, als persönlicher Affront [Beleidigung] empfunden. Schließlich fühlten sich Breschnew und die anderen Sowjetführer bei den SALT-II-Verhandlungen von Wladiwostok im November 1974 hintergangen, weil dort die Delegation der USA sowohl den Entwicklungsstand als auch die große strategische Bedeutung der Marschflugkörper (Cruise-Missiles) verschwiegen hatte.

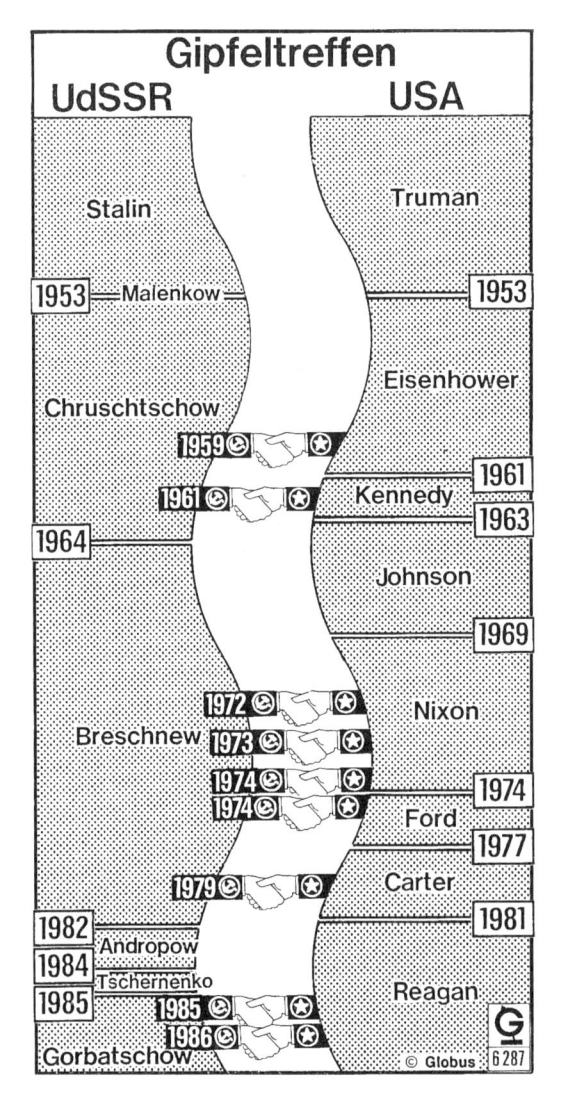

13. Seit dem Amtsantritt von Präsident Carter in den USA (Jan. 1977) betreiben beide Seiten eine Art von politischem Nervenkrieg, jeweils mit dem Ziel der „kontrollierten Destabilisierung" des gegnerischen Gesamtsystems, jedoch nach wie vor unter der Voraussetzung, dass es keine Alternative für eine Koexistenzpolitik gebe und dass unter keinen Umständen eine direkte militärische Konfrontation zwischen den Supermächten leichtfertig heraufbeschworen werden dürfe.

14. Präsident Carter stellte durch die nachhaltige Unterstützung der osteuropäischen Bürger- und Menschenrechtsbewegungen in einer für die Sowjetführung unerwarteten Weise die „Symmetrie" in der ideologischen Auseinandersetzung zwischen Moskau und Washington, zwischen Ost und West wieder her. Zudem sucht die amerikanische Außenpolitik durch Stützung des Souveränitätsbewusstseins der osteuropäischen Staaten auch deren Autonomiestreben innerhalb des sowjetischen Hegemonialverbandes zu ermutigen. Ebenso werden Dekompositionstendenzen [Auflösungstendenzen] im internationalen Kommunismus (Peking, Belgrad, Bukarest, KP Italiens, KP Frankreichs, KP Spaniens) behutsam gefördert. [...]

15. Umgekehrt möchte die UdSSR Keile zwischen die USA und ihre Verbündeten treiben: Moskau versucht, die Amerikaner als hartnäckige Gegner jeder wirklichen Entspannung zu diskreditieren. Im Zusammenhang mit der Agitation zum Thema „Systemkrise des Kapitalismus" streicht man besonders die angebliche Hauptverantwortlichkeit der USA für die Fortdauer der Krise und die Ausbreitung der Massenarbeitslosigkeit in Westeuropa heraus. [...]

Thesen zum Referat von W. Berner, vorgelegt auf der 31. Studientagung des Ostkollegs der Bundeszentrale für politische Bildung, Köln 1977.

M 6 **Gipfeltreffen UdSSR – USA**

UdSSR	Jahr	USA
Stalin		Truman
Malenkow	1953	
Chruschtschow		Eisenhower
	1959	
	1961	Kennedy (1961)
		(1963)
	1964	Johnson
		(1969)
Breschnew	1972, 1973, 1974	Nixon
	1974	Ford (1974)
		(1977)
	1979	Carter
	1982	(1981)
Andropow	1984	Reagan
Tschernenko		
Gorbatschow	1985, 1986	

© Globus 6287

M 7 Im Schlepptau
„Wie wär's, wenn ein paar von euch absteigen und anschieben würden?",
Karikatur: „San Francisco Examiner", Wiley

M 8 Friedliche Koexistenz

Aus dem Programm der KPdSU (1986):

Der Imperialismus wehrt sich erbittert gegen den gesellschaftlichen Fortschritt und versucht, den Gang der Geschichte aufzuhalten, die Positionen des Sozialismus zu erschüttern und im Weltmaßstab soziale Revanche zu nehmen. Die imperialistischen Mächte sind bemüht, ihre ökonomische, politische und ideologische Strategie zu koordinieren, und versuchen, eine gemeinsame Front zum Kampf gegen den Sozialismus sowie gegen alle revolutionären und Befreiungsbewegungen zu bilden.

Der Imperialismus ist nicht gewillt, den politischen Realitäten in der Welt von heute Rechnung zu tragen. Er missachtet den Willen souveräner Völker und will sie des Rechtes berauben, selbstständig ihren Entwicklungsweg zu wählen, er bedroht ihre Sicherheit. Darin liegt die Hauptursache für das Entstehen von Konflikten in verschiedenen Regionen in der Welt.

Die Hochburg der internationalen Reaktion ist der USA-Imperialismus. Er ist es, von dem in erster Linie die Kriegsgefahr ausgeht. In seinem Anspruch auf Weltherrschaft erklärt er selbstherrlich ganze Kontinente zu Zonen seiner „Lebensinteressen".

Die von den USA verfolgte Politik des Hegemonismus, des Diktats, des Aufzwingens nicht auf Gleichberechtigung beruhender Beziehungen zu anderen Staaten, der Unterstützung repressiver volksfeindlicher Regimes und der Diskriminierung der USA nicht genehmer Länder desorganisiert die zwischenstaatlichen ökonomischen und politischen Beziehungen, behindert deren normale Entwicklung.

Das brennendste Problem, vor dem die Menschheit steht, ist das Problem von Krieg und Frieden. Der Imperialismus trägt die Schuld an zwei Weltkriegen, die viele Millionen Menschenleben gefordert haben. Er führt die Gefahr eines dritten Weltkrieges herbei. Errungenschaften des menschlichen Geistes macht sich der Imperialismus dienstbar, um Waffen von ungeheurer Zerstörungskraft zu schaffen. Die Politik der imperialistischen Kreise, die bereit sind, ganze Völker zu opfern, verstärkt die Gefahr, dass diese Waffen zum Einsatz kommen. Letztendlich kann das zu einem globalen militärischen Konflikt führen, in dem es weder Sieger noch Besiegte geben würde, die Weltzivilisation aber untergehen könnte. In einer Welt voller scharfer Widersprüche, im Angesicht der drohenden Katastrophe gibt es nur einen einzigen vernünftigen, einen einzigen akzeptablen Ausweg – die friedliche Koexistenz von Staaten mit unterschiedlicher Gesellschaftsordnung. Das bedeutet nicht schlechthin einen Zustand ohne Krieg. Das ist eine internationale Ordnung, in der nicht militärische Stärke, sondern gute Nachbarschaft und Zusammenarbeit herrschen, in der ein umfassender Austausch von Errungenschaften der Wissenschaft und Technik und von Kulturwerten zum Nutzen aller Völker stattfinden würden. Die Befreiung von dem Zwang, immense Mittel für militärische Zwecke zu verschwenden, würde es erlauben, die Früchte der Arbeit ausschließlich für friedliche Aufbauzwecke zu verwenden. Die Staaten, die den Weg der selbstständigen Entwicklung eingeschlagen haben, wären gegen Anschläge von außen geschützt, was ihr Voranschreiten auf dem Wege des nationalen und sozialen Aufstiegs erleichtern würde. Auch für die Lösung globaler Probleme durch kollektive Anstrengungen aller Staaten würden sich günstige Möglichkeiten eröffnen. Die friedliche Koexistenz liegt im Interesse aller Länder und Völker.

Programm der KPdSU vom 1.3.1986 (27. Parteitag), Moskau 1986, S. 20 ff.

M 9 Der Krieg der Dritten Welt

Die Verlagerung des Ost-West-Konfliktes analysiert der britische Historiker Niall Ferguson:

Die Kuba-Krise zeigte, wie nahe die beiden Supermächte an einen globalen Atomkonflikt herankommen konnten, trotz ihrer ungeheuren Zerstörungspotentiale. Doch Krieg ließ sich auch noch auf andere Weise führen. Immer wieder hört man, die Möglichkeit der gegenseitigen Vernichtung habe eine Ära des Weltfriedens begründet. Aber das heißt, das Wesen des Kalten Krieges misszuverstehen. Denn tatsächlich gab es so etwas wie einen Dritten Weltkrieg – er wurde von Castro und seinesgleichen in der Dritten Welt geführt. Der Krieg der Welt entbrannte, als es zu Zusammenstößen zwischen den Imperien kam, und er wurde ausgetragen in den zentralen Konfliktzonen an beiden Enden der eurasischen Landmasse. Der Krieg der Dritten Welt dagegen fand auf neuen und weiter entfernten Schauplätzen statt – dort, wo die strategischen Risiken (nicht aber die Kosten für die betroffenen Menschen) geringer waren. Drei Gründe gab es für diese Konfliktverlagerung.

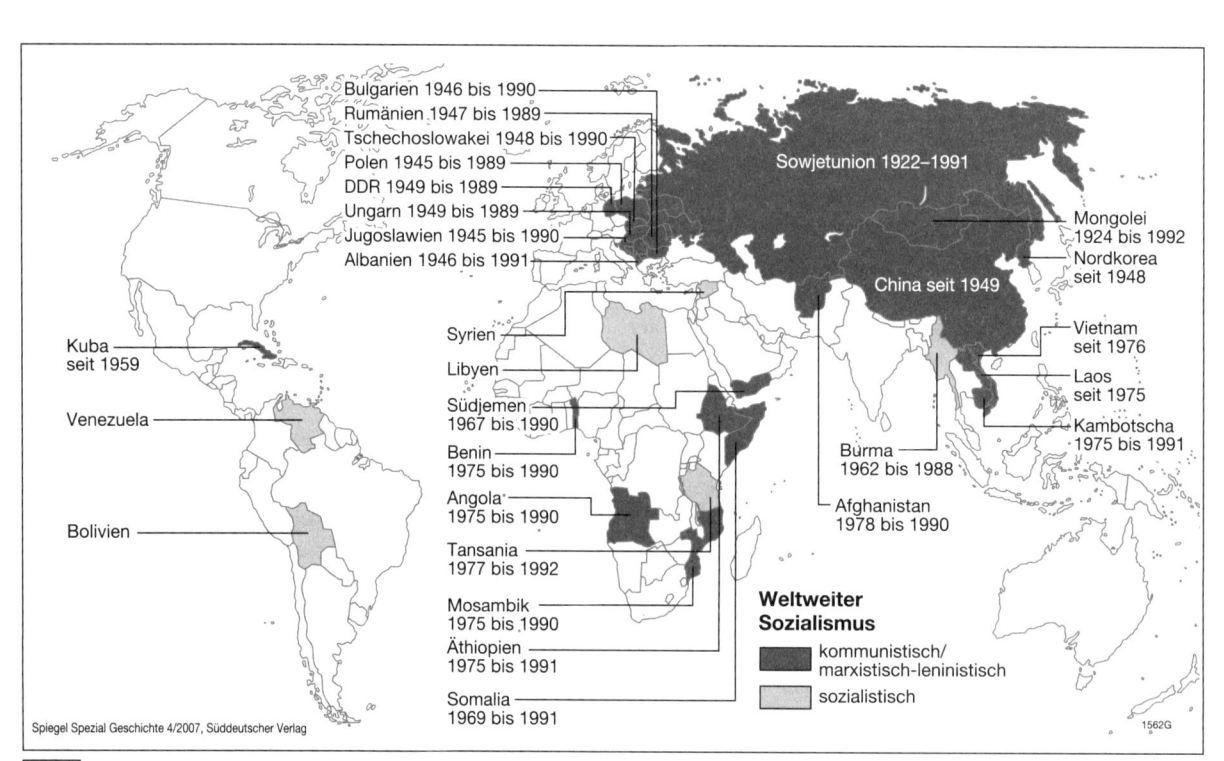

M 10 Weltweiter Sozialismus

Der erste bestand darin, dass ethnische Konflikte am westlichen und östlichen Rand von Eurasien nicht mehr sehr wahrscheinlich waren. Zum einen hatten die „ethnischen Säuberungen" während und nach dem Zweiten Weltkrieg die Minderheitsbevölkerungen dezimiert.

Der zweite Grund für die Verschiebung der Konflikte war ökonomischer Natur. [...] Nach und nach trat wirtschaftliche Konkurrenz an die Stelle des strategischen Konflikts – ein Wandel, der mit dem Moskau-Besuch von US-Vizepräsident Richard Nixon im Juli 1959 deutlich zutage trat. Sein Gastgeber spottete gern über den Westen. „Ob es euch gefällt oder nicht, die Geschichte ist auf unserer Seite", meinte Chruschtschow und fügte die berühmt gewordenen Worte hinzu: „Wir werden euch begraben." [...] Die Sowjetunion mochte nicht in der Lage sein, ihren Bürgern diese Freiheiten zu bieten. Doch ihre politischen Führer behaupteten immer wieder, das Land könne, wenn es um Wirtschaftskraft gehe, mehr als mit dem Westen gleichziehen. Noch unter Stalin war in Moskau der „Park der wirtschaftlichen Errungenschaften der Sowjetunion" angelegt worden, in dem künftige kommunistische Gebrauchsgüter ausgestellt werden sollten. In einem Propagandafilm spielte etwa ein fliegendes Auto die Hauptrolle. Die amerikanische Ausstellung machte schmerzlich klar, wie weit die Sowjets von der Realisierung solcher Wunschbilder entfernt waren. [...]

Denn die dritte Determinante des weltweiten Konflikts – der Niedergang der Imperien – wirkte in den Fünfziger- und Sechzigerjahren fort. Jetzt waren es allerdings andere Reiche, die in den verschiedenen Weltgegenden zerfielen. [...]

Angola war typisch für die Regionen, in denen der Kalte Krieg besonders heiß war. Auf der einen Seite stand die Volksbewegung für die Befreiung Angolas (MPLA), die in Luanda die Macht übernommen hatte, nachdem das Land 1975 endlich von Portugal unabhängig geworden war, auf der anderen zwei miteinander rivalisierende Guerillaorganisationen, UNITA und FNLA. So wie die meisten Soldaten, die zur Unterstützung der MPLA nach Angola kamen, aus Kuba stammten und nicht aus der Sowjetunion, so erhielt die UNITA Militärhilfe in erster Linie aus Südafrika und nicht von den Vereinigten Staaten. Als der Krieg im September 1987 in Cuito Cuanavale, einem abgelegenen Stützpunkt im Südosten des Landes, seinen Höhepunkt erreichte, waren die angolanischen Regierungstruppen mit sowjetischen T-55-Panzern und MiG-Kampfflugzeugen ausgerüstet; deren Besatzungen bestanden jedoch in der Mehrzahl aus Kubanern. Auf der Gegenseite wurden die achttausend Soldaten der UNITA von rund dreitausend Südafrikanern unterstützt – einer Kompanie der Infanterie aus dem 32. „Buffalo"-Bataillon, einer Abteilung der schweren Artillerie, die mit sechzehn G-5-Geschützen ausgerüstet war, und der 61. Panzergrenadierbataillonsgruppe mit ihren Ratel-90-Panzerfahrzeugen. Zudem flog die südafrikanische Luftwaffe Angriffe auf Stellungen der MPLA am Fluss Lomba.

Solche Schlachten in entlegenen Weltregionen zeigen, wie absurd und töricht es ist, den Kalten Krieg als Zeit des Friedens und der Stabilität in Erinnerung zu behalten. In Wahrheit gab es in der zweiten Hälfte des 20. Jahrhunderts nicht viel weniger kriegerische Auseinandersetzungen als in der ersten. Zwischen 1945 und 1983 wurden in etwa einhundert größeren militärischen Konflikten 19 bis 20 Millionen Menschen getötet. Es waren nur andere Orte und Gegenden, in denen diese Konfrontationen ausgetragen wurden. Anstatt direkt aneinander zu geraten, wie es 1962 fast geschehen wäre, bekämpften sich die Supermächte nun indirekt – auf Schauplätzen, die sie als peripher [randständig] betrachteten.

N. Ferguson, Krieg der Welt, Was ging schief im 20. Jahrhundert?, Berlin 2006, S. 751 ff.

M 11 Karikatur von M. Marcks zum Problem der Stellvertreterkriege

3. Zusammenbruch der DDR und deutsche Einheit

Thematische Aufbereitung in den HORIZONTEN

Das Kapitel 12 in den HORIZONTEN, Bd. 2, behandelt „Deutschland: Von der Teilung zur Wiedervereinigung". Für den thematischen Schwerpunkt sind insbesondere von Belang:
- Kapitel 12.1: „Das Scheitern einer gemeinsamen Besatzungspolitik"
- Kapitel 12.3: „Von der sowjetischen Besatzungszone zur DDR"
- Kapitel 12.4: „Deutschland im Zeichen der Zweistaatlichkeit"
- Kapitel 12.5: „Die deutsche Einheit".
- Die für die Einheit so entscheidende Politik der Perestroika wird in Kapitel 13.6 („Das Ende der Sowjetunion") thematisiert.

Zwei FRAGEN AN DIE GESCHICHTE greifen zentrale Aspekte im Kontext des thematischen Schwerpunkts auf:
- „Die DDR – ein Staat der Stasi?" sowie „Was waren die tieferen Ursachen für den Zusammenbruch der DDR?"

Zusätzliche weiterführende Literatur

Siehe auch HORIZONTE, Bd. 2, Seite 610.
- *Ingrun Drechsler, Bernd Faulenbach, Martin Gutzeit, Markus Meckel, Hermann Weber (Hg.),* Getrennte Vergangenheit, gemeinsame Zukunft. Ausgewählte Dokumente, Zeitzeugenberichte und Diskussionen der Enquete-Kommission „Aufarbeitung von Geschichte und Folgen der SED-Diktatur in Deutschland" des Deutschen Bundestages 1992–1994, München 1997.
- Band 1: Das Herrschaftssystem
- Band 2: Opfer, Opposition und Widerstand
- Band 3: Wandlungen der Deutschlandpolitik
- Band 4: Das SED-Regime in vergleichender Perspektive und die Bedeutung seiner Aufarbeitung.
- *Wieland Eschenhagen, Matthias Judt,* Chronik Deutschland 1949–2009 (Fischer Weltalmanach), Frankfurt/M. 2008.
- *Ilko-Sascha Kowalczuk,* Endspiel. Die Revolution von 1989 in der DDR, München 2009.
- *Wolfgang Leonhard,* Meine Geschichte der DDR, Berlin 2007.
- *Andreas Rödder,* Deutschland einig Vaterland. Die Geschichte der Wiedervereinigung, München 2009.
- *Helmut Caspar,* DDR-Lexikon. Von Trabi, Broiler, Stasi und Republikflucht, Petersberg 2009.
- *Klaus-Dietmar Henke (Hg.),* Revolution und Vereinigung 1989/90. Als in Deutschland die Realität die Phantasie überholte, München 2009.
- *Günther Heydemann,* Heinrich Oberreuter (Hg.), Diktaturen in Deutschland – Vergleichsaspekte, Strukturen, Institutionen und Verhaltensweisen, Bonn 2003.
- *Anne Kaminsky (Hg.),* Orte des Erinnerns. Gedenkzeichen, Gedenkstätten und Museen zur Diktatur in SBZ und DDR, bearbeitet von Ruth Gleinig und Oliver Igel im Auftrag der Stiftung zur Aufarbeitung der SED-Diktatur, Bonn 2007.

3.1 Das Herrschaftssystem der DDR

Der Staat der SED

Die DDR war der Staat der Sozialistischen Einheitspartei Deutschlands (SED). Die Kennzeichnung gründete sich auf den Anspruch der Partei, alle Bereiche des politischen, ökonomischen und gesellschaftlichen Lebens zu durchdringen, um das sozialistische System planmäßig zu gestalten. Dieser Führungsanspruch wurde aus der Überzeugung abgeleitet, dass nur die kommunistische Partei die objektiven Gesetze der gesellschaftlichen Entwicklung erkennen könne.

Der Anspruch sowie der Aufbau der SED orientierten sich grundsätzlich am Vorbild der KPdSU und damit am leninistischen Parteiverständnis. Die SED verstand sich folglich als der „organisierte Vortrupp der Arbeiterklasse", und sie bekannte sich zur „unverbrüchlichen Freundschaft und (zum) brüderlichen Bündnis mit der Kommunistischen Partei der Sowjetunion, der Vorhut der kommunistischen Weltbewegung" (Parteistatut).

Das politische System wurde – formal betrachtet – durch das Vorhandensein von vier Parteien gekennzeichnet, die neben der SED zugelassen waren. Dies erweckte den Anschein eines Mehrparteiensystems. Tatsächlich wurde aber das Machtmonopol der SED durch die Existenz der anderen Parteien nur oberflächlich verschleiert. Denn die neben der SED bestehenden Parteien stellten keine politische Alternative zur SED dar. Zusammen mit vier Massenorganisationen waren alle Parteien unter dem Dach der Nationalen Front vereinigt. Dieses Blocksystem diente der SED als ein Instrument zur Durchsetzung ihrer tatsächlichen Führungsrolle.

Mittels der Nationalen Front sollten auch solche Bevölkerungskreise in das politische System integriert werden, die nicht kommunistisch eingestellt waren. Neben einer allgemeinen Mobilisierungsfunktion bestand die Hauptaufgabe der Nationalen Front darin, die Wahlen zum Parlament der DDR – der Volkskammer – zu organisie-

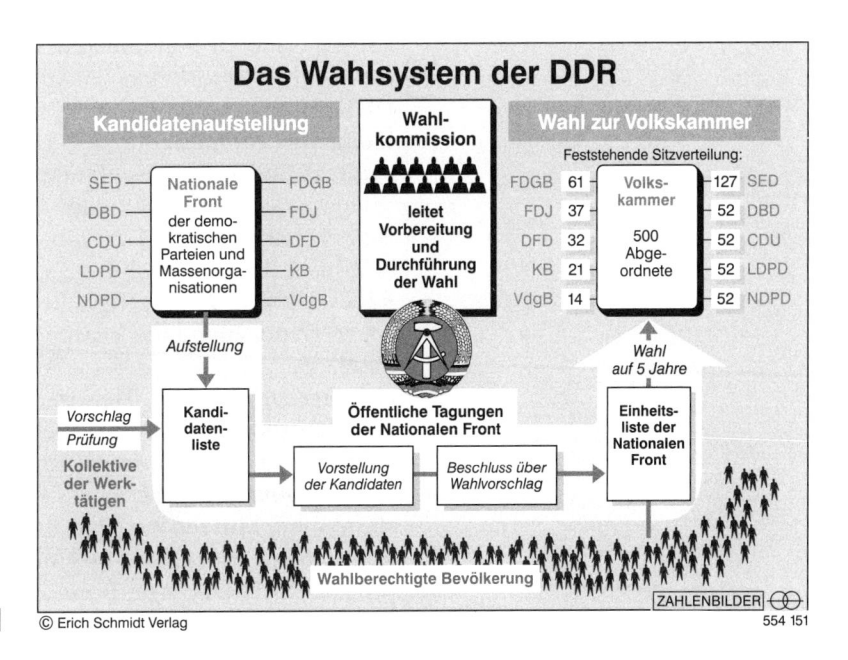

M 1 „Von den Sowjetmenschen lernen heißt siegen lernen", Propagandaplakat, um 1952

M 2 Das Wahlsystem der DDR

ren. Sie stellte eine Einheitsliste auf, die aber zuvor von den höchsten Parteigremien der SED gebilligt worden war. Die Kandidaten der Nationalen Front traten im Wahlkampf nicht gegeneinander an. Außerdem wurde durch das Ergebnis der Wahlen die Sitzverteilung in der Volkskammer nicht berührt. Auch vor Wahlfälschungen schreckte die politische Führung nicht zurück. Die Stärke der einzelnen Fraktionen stand schon vor der Wahl fest.

Die Volkskammer ihrerseits wählte die Regierung der DDR, den Ministerrat, und den Staatsrat, der die Aufgaben eines Staatsoberhauptes wahrnahm. Formal gesehen entsprach das dem westlichen Parlamentarismus. Tatsächlich besaß aber die offizielle DDR-Regierung nicht die Handlungsbefugnis von westlichen Regierungen. Das war darauf zurückzuführen, dass die Regierung der DDR nur ein ausführendes Organ der SED war. Alle wichtigen politischen Grundsatzbeschlüsse wurden im Politbüro der SED gefasst. So wird verständlich, dass wichtige Politiker der Bundesrepublik Deutschland ihre entsprechenden Gesprächspartner weniger beim Ministerrat der DDR als im Politbüro der SED fanden. Zwar gehörten die meisten Minister der SED an, aber sie zählten – sieht man vom Vorsitzenden des Ministerrats Willi Stoph ab – nicht zur Führungsspitze.

Formal gesehen blieben Partei (SED) und Staat getrennt. Parteibeschlüsse bedurften einer Bestätigung durch die Volkskammer, damit sie Gesetzeskraft erlangten. Tatsächlich waren aber Partei- und Staatsfunktionen aufs Engste miteinander verschmolzen.

Im Unterschied zur Bundesrepublik Deutschland lehnte die DDR den Grundsatz der Gewaltenteilung ab. In der Volkskammer konzentrierte sich – zumindest der Theorie nach – die ungeteilte Macht. Sie verabschiedete Gesetze und stellte darüber hinaus die Einheit von Beschlussfassung, Durchführung und Kontrolle dar. Demgemäß besaßen Exekutive und Judikative keinerlei Sonderrechte. Die Gewalteneinheit kam auch darin zum Ausdruck, dass in der DDR die einzelnen Länder aufgelöst wurden. Die DDR wurde zentralistisch regiert.

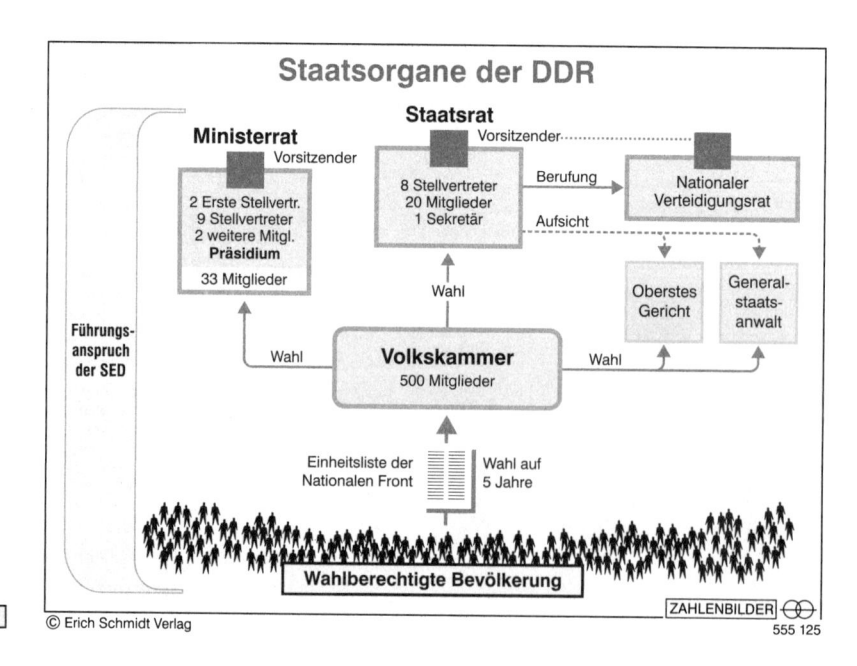

Staatsorgane der DDR

- **Ministerrat** Vorsitzender
  - 2 Erste Stellvertr.
  - 9 Stellvertreter
  - 2 weitere Mitgl.
  - **Präsidium**
  - 33 Mitglieder
- **Staatsrat** Vorsitzender
  - 8 Stellvertreter
  - 20 Mitglieder
  - 1 Sekretär
- **Nationaler Verteidigungsrat** (Berufung, Aufsicht)
- **Oberstes Gericht**
- **Generalstaatsanwalt**
- **Volkskammer** 500 Mitglieder (Wahl)
- Einheitsliste der Nationalen Front – Wahl auf 5 Jahre
- **Wahlberechtigte Bevölkerung**
- Führungsanspruch der SED

M 3 © Erich Schmidt Verlag

M4 Lied der Partei (1. Strophe)

Text:: Louis Fürnberg (1949)

Sie hat uns alles gegeben,
Sonne und Wind, und sie geizte nie,
und wo sie war, war das Leben,
und was wir sind, sind wir durch sie.
5 Sie hat uns niemals verlassen,
wenn die Welt fast erfror, war uns warm.
Uns führte die Mutter der Massen,
es trug uns ihr mächtiger Arm.
Die Partei, die Partei, die hat immer recht,
10 Genossen, es bleibt dabei!
Denn wer für das Recht kämpft,
hat immer recht gegen Lüge und Heuchelei!
Wer das Leben beleidigt, ist immer schlecht.
Wer die Menschheit verteidigt, hat immer recht,
15 denn aus Lenin'schem Geist wächst, von Lenin geschweißt,
die Partei, die Partei, die Partei!

Zit. nach: Lieder der Partei, Leipzig 1961, S. 147 f.

M5 „Höhepunkte des gesellschaftlichen Lebens"

Der westdeutsche Journalist Helmut Lölhöffel schildert eine Wahl in der DDR:

In der DDR ist am 20. Mai Wahltag. Niemand wird jedoch einer Hochrechnung entgegenfiebern, auf ein „Kopf-an-Kopf-Rennen" warten oder auf ein überraschendes Ergebnis hoffen. Denn schon jetzt
5 steht fest: Zwischen 98 und 99 Prozent der wahlberechtigten DDR-Bürger gehen – manche begeistert, die meisten aber eher gedrängt – zu den Urnen. Und am Ende werden die auf einer Einheitsliste stehenden Kandidaten der Nationalen Front fast
10 100 Prozent der Stimmen haben. Die Regierenden berufen sich dann auf ein frisches Vertrauensvotum des Volkes, das ihnen im nicht sorgenfreien 30. Jahr des Bestehens der Republik viel wert ist.
Zu wählen sind 191 Kreistage, 642 Stadtverord-
15 netenversammlungen, 34 Stadtbezirksversammlungen und 6 911 Gemeindevertretungen. Aufgestellt sind 261 107 Kandidaten. 201 570 von ihnen werden Abgeordnete, die Übrigen sind „Nachrücker" und dürfen ohne Stimmrecht an den Sit-
20 zungen der gewählten Organe teilnehmen.
Bei der Vorauswahl der Kandidaten in den Betrieben, Genossenschaften, Wohngebieten und Organisationen sind 859 auf der Strecke geblieben – aus welchen Gründen, wird kaum bekannt. Einer schei-
25 terte, weil er angeblich „zu geschwätzig" war. Zur Nominierung berechtigt sind die Einheitspartei SED, die Blockparteien CDU, LDPD und NDPD, der Bauernbund, die Massenorganisationen der Frauen (DFD), der Jugend (FDJ) und der Werktätigen (FDGB) sowie der Kulturbund, die Konsumgenos- 30 senschaften, die Vereinigung der gegenseitigen Bauernhilfe und die Nationale Front.
Wahlkommissionen haben die Aufgabe, die Listen zusammenzustellen. Dabei wird auf einen Proporz geachtet, der auf jeden Fall der SED ein festes Pols- 35 ter sichert. Die Einheitspartei stellt ein Viertel der Kandidaten, jeweils etwa zehn Prozent stehen den Blockparteien zu und der Rest verteilt sich auf die anderen Organisationen, unter deren Flagge freilich zahlreiche weitere SED-Mitglieder in die 40 Volksvertretungen geschleust werden. Gleichzeitig sorgen die Wahlkommissionen für eine Struktur der Kandidatenlisten.
Ein Beispiel aus Brandenburg ist typisch für die ganze Republik. Dort sind 220 Kandidaten für 45 197 Sitze in der Stadtverordnetenversammlung, die um 20 Abgeordnete vergrößert wurde, aufgestellt. Von ihnen sind 124 Arbeiter, 92 Frauen, 64 Jugendliche und 130 Erstkandidaten. Sie alle können sich übrigens fast hundertprozentig dar- 50 auf verlassen, dass sie auch wirklich bestätigt werden. Denn gewählt ist, wer mehr als die Hälfte der gültigen Stimmen auf sich vereinigt. Da es aber nicht üblich und auch nicht gern gesehen ist, einzelne Namen durchzustreichen, rutscht fast nie 55 ein Bewerber unter diese Grenze. So wurden bei den Kommunalwahlen 1965 nur zwei der damals 185 107 Kandidaten nicht gewählt.
Alternative Entscheidungen sind den Wählern in der DDR nicht möglich. Sie können zwar alle 60 Namen auf dem Wahlzettel ausstreichen, erst dann wird er als Nein-Stimme gewertet. Aber bei der allgemein üblichen offenen Stimmabgabe – der Gang in die bereitstehende Kabine ist verpönt – fällt jeder auf, der sich anders verhält 65 als die Masse. Der Wahlakt erschöpft sich darin, dass der Zettel ungelesen gefaltet und in die Urne gesteckt wird. Wer bis zum Nachmittag nicht im Wahllokal war, was sich anhand der Wählerlisten feststellen lässt, muss mit dem Hausbesuch eines 70 Agitators rechnen. „In der Deutschen Demokratischen Republik", so heißt es in einer offiziellen Schrift, „sind Wahlen zu den Volksvertretungen Höhepunkte des gesellschaftlichen Lebens, Perioden verstärkter politischer und ökonomischer 75 Aktivität der Bürger, und in diesem Sinne wichtiger Bestandteil der Machtausübung durch die von der Arbeiterklasse geführten Werktätigen." Wer die Macht hat, ist nach der marxistisch-leninistischen

Partei- und Staatslehre eben längst entschieden. Es ist „die Partei der Arbeiterklasse", in der DDR also die SED. Worum es am Wahltag nur noch geht, wurde kürzlich im FDJ-Zentralorgan *Junge Welt* so beschrieben: „Bei unseren Wahlen geht es nicht darum, dieser oder jener Partei zum Wahlsieg zu verhelfen, sondern die besten Vertreter des Volkes als Abgeordnete in die Volksvertretungen zu wählen, in denen sie im Interesse der Werktätigen ihre gesellschaftlichen Aufgaben wahrnehmen ... Ausgehend davon, dass alle Werktätigen gemeinsame Grundinteressen haben und es in unserem Staat keine antagonistischen Klassengegensätze gibt, fehlt für ein Gegeneinander der gesellschaftlichen Kräfte jede Basis."

H. Lölhöffel, Ein Höhepunkt des Lebens. Die Vorbereitungskampagne ist der SED wichtiger als das Ergebnis, SZ 19./20. Mai 1979.

M6 MfS-Fahneneid

ICH SCHWÖRE:
Der Deutschen Demokratischen Republik, meinem Vaterland, allzeit treu zu dienen und sie auf Befehl der Arbeiter- und Bauern-Regierung gegen jeden Feind zu schützen.

10 Gebote für den neuen sozialistischen Menschen

1. DU SOLLST Dich stets für die internationale Solidarität der Arbeiterklasse und aller Werktätigen sowie für die unverbrüchliche Verbundenheit aller sozialistischen Länder einsetzen.
2. DU SOLLST Dein Vaterland lieben und stets bereit sein, Deine ganze Kraft und Fähigkeit für die Verteidigung der Arbeiter-und-Bauern-Macht einzusetzen.
3. DU SOLLST helfen, die Ausbeutung des Menschen durch den Menschen zu beseitigen.
4. DU SOLLST gute Taten für den Sozialismus vollbringen, denn der Sozialismus führt zu einem besseren Leben für alle Werktätigen.
5. DU SOLLST beim Aufbau des Sozialismus im Geiste der gegenseitigen Hilfe und der kameradschaftlichen Zusammenarbeit handeln, das Kollektiv achten und seine Kritik beherzigen.
6. DU SOLLST das Volkseigentum schützen und mehren.
7. DU SOLLST stets nach Verbesserung Deiner Leistungen streben, sparsam sein und die sozialistische Arbeitsdisziplin festigen.
8. DU SOLLST Deine Kinder im Geiste des Friedens und des Sozialismus zu allseitig gebildeten, charakterfesten und körperlich gestählten Menschen erziehen.
9. DU SOLLST sauber und anständig leben und Deine Familie achten.
10. DU SOLLST Solidarität mit den um ihre nationale Befreiung kämpfenden und den ihre nationale Unabhängigkeit verteidigenden Völkern üben.

M7 Der „sozialistische Mensch", Walter Ulbricht, Erster Sekretär der SED, auf dem 5. Parteitag der SED (1958).

ICH SCHWÖRE:
An der Seite der Nationalen Volksarmee und der anderen bewaffneten Organe der Deutschen Demokratischen Republik, der Armeen, der Schutz- und Sicherheitsorgane der Sowjetunion und der mit uns verbündeten sozialistischen Länder als Angehöriger des Ministeriums für Staatssicherheit die Feinde des Sozialismus auch unter Einsatz meines Lebens zu bekämpfen und alle mir gestellten Aufgaben zur Gewährleistung der staatlichen Sicherheit zu erfüllen.

ICH SCHWÖRE:
Ein ehrlicher, tapferer, disziplinierter und wachsamer Angehöriger des Ministeriums für Staatssicherheit zu sein, den Vorgesetzten unbedingten Gehorsam zu leisten, die Befehle mit aller Entschlossenheit zu erfüllen und die militärischen und staatlichen Geheimnisse immer streng zu wahren und zu schützen.

ICH SCHWÖRE:
Die Kenntnisse und Fähigkeiten zur Erfüllung meiner Aufgaben gewissenhaft zu erwerben, die dienstlichen Bestimmungen einzuhalten und immer und überall die Ehre unserer Republik und des Ministeriums für Staatssicherheit zu wahren.

Sollte ich jemals diesen meinen feierlichen Fahneneid verletzen, so möge mich die harte Strafe der Gesetze unserer Republik und die Verachtung des werktätigen Volkes treffen.

Zit. nach: D. Gill, U. Schröter, Das Ministerium für Staatssicherheit, Berlin 1991, S. 27.

M8 „Zersetzung"

Ehrhart Neubert, Teil der kirchlichen Opposition in der DDR, nennt die Methoden des Ministeriums für Staatssicherheit:

[...] Diese Richtlinie ist insgesamt eine Anleitung für perfektionierte Methoden der Zerstörung der menschlichen Persönlichkeit. Sie ist auch tausendfach angewendet und mit der gesamten kriminellen Energie der Zersetzer ergänzt und überboten worden. Die in der DDR angewandte Zersetzung liegt im Rahmen der weltweit beobachteten „Modernisierung" der Folter, die in vielen diktatorischen Systemen von physischen auf wissenschaftlich kon-

M 9 „Irgendein Ende abzusehen?", Karikatur von Horst Haitzinger, 15.06.1990

zipierte psychische Gewaltformen übergegangen ist. Bei den bearbeiteten „Feindpersonen" sollten Interesselosigkeit, Depressionen, Angst, Bestürzung, Panik, Isolierung und Verunsicherung erzeugt werden. Durch den Einsatz von IM wollte das MfS an charakterliche und moralische Schwächen anknüpfen. Wenn es solche Anhaltspunkte nicht gab, sollten diese durch Gerüchte behauptet werden. Allein zur Zersetzung einer kirchlichen „feindlich-negativen Gruppe" wurden folgende Maßnahmen eingesetzt:

„1. die zielstrebige Untergrabung von Überzeugungen im Zusammenhang mit bestimmten Ideen,
2. das Erzeugen von Misstrauen und gegenseitigen Verdächtigungen innerhalb der Gruppe,
3. das Erzeugen bzw. Ausnutzen von Rivalitäten innerhalb der Gruppe durch zielgerichtete Ausnutzung persönlicher Schwächen einzelner Mitglieder,
4. die Beschäftigung der Gruppe mit internen Problemen,
5. die systematische Diskreditierung des öffentlichen Rufs, des Ansehens und des Prestiges und
6. die systematische Organisierung beruflicher und gesellschaftlicher Misserfolge zur Untergrabung des Selbstvertrauens der einzelnen Personen."

Praktisch haben die psychologisch geschulten MfS-Offiziere seelische Grausamkeiten, sexistische Übergriffe, materielle Notlagen und menschliche Konflikte organisiert. Die Wirkung der Zersetzung war groß, weil die Betroffenen nicht wussten, woher diese destruktiven Dinge kamen, und nicht einmal erkannten, dass hinter ihnen ein planerisches Wollen stand. Das MfS hatte auf alle staatlichen Stellen Zugriff und konnte deren Aktionen koordinieren. Und es hatte Zugriff auf den wohlmeinenden Seelsorger, den mahnenden Lehrer, den freundlichen Kollegen, den strengen Vorgesetzten, den entgegenkommenden Nachbarn, den fürsorglichen Anwalt, den besten Freund, eben auf alle IM[1], die für das MfS und von ihm angeleitet Zug um Zug die Zersetzung exekutierten. Es gab nur wenige IM, denen das Gewissen schlug, als sie die Wirkung wahrnahmen. Die „Zielpersonen" mussten diese Dinge auf sich selbst, auf ihre soziale und psychische Unfähigkeit zurückführen. Aufkommende Gewissensnöte wurden nicht entlastet, und Zornausbrüche fanden keinen Anhalt. Das MfS registrierte die Wirkung und den Fortschritt der Zerstörung der Persönlichkeit und arbeitete die Ergebnisse wissenschaftlich auf, damit sie für den nächsten Fall reproduzierbar waren. Die systematische Anwendung von Zersetzungsmaßnahmen hat die Betroffenen häufig mehr geschädigt, als es durch ein ordentliches Strafverfahren möglich gewesen wäre. Viele sind lebenslang geschädigt und bedürfen therapeutischer Hilfe wie Opfer physischer Folter.

1 Informelle Mitarbeiter

E. Neubert, Politische Verbrechen in der DDR, in: St. Courtois u. a., Das Schwarzbuch des Kommunismus, München 1998, S. 880.

3.2 Die Wende von 1989/90

Ohne Gorbatschow keine deutsche Einheit. Seine ab 1985 durchgesetzte Politik der Perestroika erst war es, die das Fenster für die völlig unerwartete Wiedervereinigung öffnete. Seine Abkehr von der Breschnew-Doktrin, also der Verzicht auf Gewaltanwendung – obwohl der Kreml 1989 durchaus über diese Handlungsoption verfügte –, verhinderte eine humane Katastrophe und ermöglichte ein politisches Wunder. Sein Versuch, den Sozialismus zu modernisieren und dessen Wirtschaftsordnung zu effektivieren, endete bekanntlich im wirtschaftlichen Kollaps und im Untergang der Sowjetunion.

Die Besonderheit der DDR bestand darin, dass – im Unterschied zu den osteuropäischen Staaten – mit dem Scheitern der sozialistischen Staatsordnung nicht nur die Staatsform in Frage gestellt wurde, sondern der Staat selbst.

Die wirtschaftlichen Ursachen für den Zusammenbruch der DDR

Die produktive Basis der DDR war deutlich geringer, als es den Anschein besaß. Die DDR-Regierung selbst operierte mit geschönten Zahlen, und die meisten Sozialwissenschaftler und Ökonomen im Westen vermochten die niedrige Arbeitsproduktivität der DDR-Wirtschaft nicht zu erkennen. Erst nach der Wiedervereinigung zeigte sich, dass diese nicht – wie angenommen – bei 60 Prozent, sondern nur bei 30 Prozent der westdeutschen Arbeitsproduktivität lag. Die gesamte Infrastruktur (Eisenbahnen, Straßen, Telekommunikation, Energieversorgung) war mangels Investitionskraft vernachlässigt worden. Zudem hatte die DDR in den Achtzigerjahren den Anschluss an die technologische Entwicklung verloren, u. a. weil die „Einheit von Wirtschafts- und Sozialpolitik" letztlich die Wirtschaft überforderte. Mit anderen Worten: Das ökonomische System lebte von seiner Substanz. Als Folge davon nahm die Verschuldung auf allen Ebenen zu – auch gegenüber dem Westen. Die Beschaffung von (konvertierbaren) Devisen gewann eine immer größere Bedeutung für die DDR-Führung. Die Transferzahlungen aus der Bundesrepublik verdeckten eine Zeit lang die Zahlungsprobleme der DDR. Viele ihrer Konzessionen in der Folge der Entspannungspolitik waren im wahrsten Sinne des Wortes – von der Bundesrepublik – teuer erkauft worden: humanitäre Erleichterungen, Familienzusammenführung, Häftlingsfreikauf. Der ehemalige Bundeskanzler Helmut Schmidt sprach in diesem Zusammenhang einmal von „Menschlichkeit gegen Kasse". Zwar wurde die SED-Herrschaft dadurch indirekt unterstützt, aber andererseits finanziell auch immer abhängiger vom Westen.

Die Schwäche der sozialistischen Wirtschaft stellte die zunächst kaum sichtbare Basis der dramatischen Ereignisse von 1989/90 dar. Dazu trat die scheiternde Reformpolitik des sowjetischen Präsidenten Gorbatschow mit ihren destabilisierenden Konsequenzen. Und nur vor diesem Hintergrund eröffnete sich der Raum für eine immer mutiger werdende Opposition im sowjetischen Machtbereich. Das galt auch für die DDR, wo sich der Unmut der Bevölkerung zunächst in einer massiven Zunahme von Ausreiseanträgen bemerkbar machte. Im Sommer 1989 formierte sich – paradoxerweise unter Mithilfe von unterwandernden Stasi-Mitarbeitern – die Opposition in der DDR auf breiterer Grundlage als zuvor („Neues Forum", „Demokra-

M 1 **Deutsch-deutsche Wegmarken**

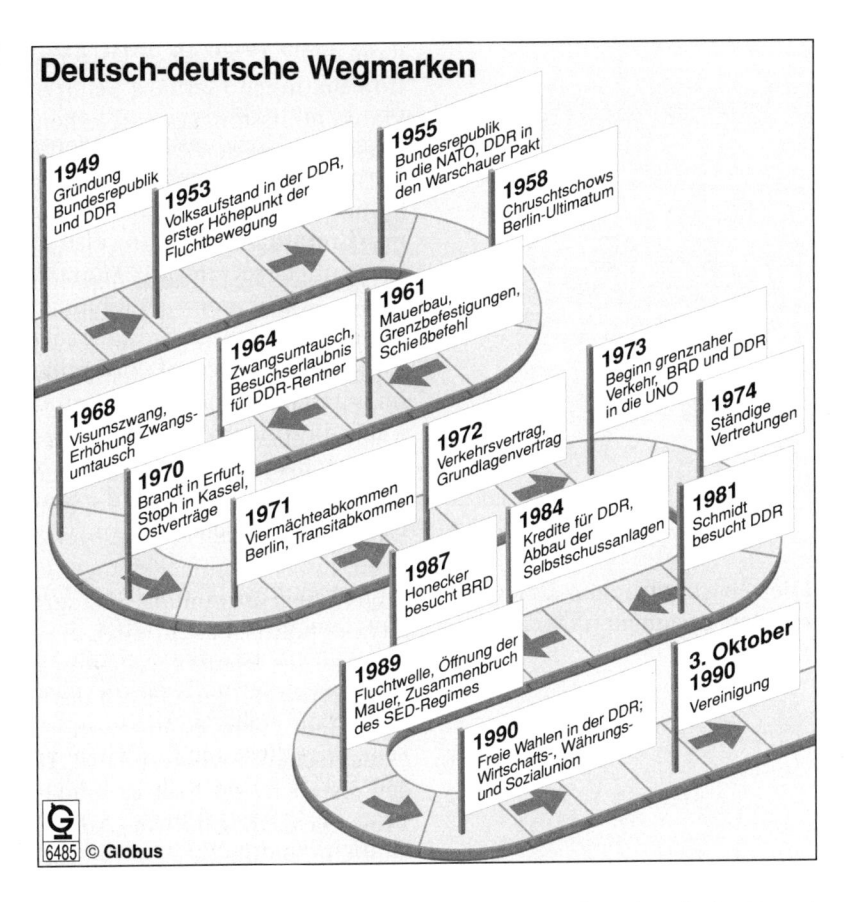

- **1949** Gründung Bundesrepublik und DDR
- **1953** Volksaufstand in der DDR, erster Höhepunkt der Fluchtbewegung
- **1955** Bundesrepublik in die NATO, DDR in den Warschauer Pakt
- **1958** Chruschtschows Berlin-Ultimatum
- **1961** Mauerbau, Grenzbefestigungen, Schießbefehl
- **1964** Zwangsumtausch, Besuchserlaubnis für DDR-Rentner
- **1968** Visumzwang, Erhöhung Zwangsumtausch
- **1970** Brandt in Erfurt, Stoph in Kassel, Ostverträge
- **1971** Viermächteabkommen Berlin, Transitabkommen
- **1972** Verkehrsvertrag, Grundlagenvertrag
- **1973** Beginn grenznaher Verkehr, BRD und DDR in die UNO
- **1974** Ständige Vertretungen
- **1984** Kredite für DDR, Abbau der Selbstschussanlagen
- **1981** Schmidt besucht DDR
- **1987** Honecker besucht BRD
- **1989** Fluchtwelle, Öffnung der Mauer, Zusammenbruch des SED-Regimes
- **1990** Freie Wahlen in der DDR; Wirtschafts-, Währungs- und Sozialunion
- **3. Oktober 1990** Vereinigung

© Globus 6485

tie Jetzt", „Demokratischer Aufbruch", „Sozialdemokratische Partei der DDR"). Parallel dazu nahm die Flüchtlingskrise dramatische Formen an. (Auf „Republikflucht" stand eine mehrjährige Gefängnisstrafe.) Einen Dammbruch hatte die Entscheidung der ungarischen Regierung vom 10. September zur Folge, ihre Grenze nach Österreich für DDR-Bürger zu öffnen.

Seitens der SED-Führung gab es keine politische Strategie, mit der auf diese Krise reagiert werden konnte. Sie agierte konzeptionslos und erkannte zunächst gar nicht ihre existenzielle Gefährdung. Im Oktober – in zeitlicher Überschneidung zum 40. Jahrestag der Gründung der DDR – spitzte sich die Lage zu. Die bislang kleine Oppositionsbewegung der Bürgerrechtler floss mit dem immer breiter werdenden Strom einer Protestbewegung zusammen, die sich unübersehbar in Leipzig formierte: „Wir sind das Volk." Konfliktverschärfend wirkte sich die anhaltende Fluchtwelle aus. Die Partei- und Staatsführung baute wahrscheinlich auf die Bestandsgarantie durch die sowjetische Hegemonialmacht. Aber ein 17. Juni 1953 sollte sich – nicht zuletzt dank Gorbatschow – nicht wiederholen.

Der 9. Oktober 1989, ein Montag, erscheint im Nachhinein als entscheidendes Datum: 70 000 Menschen demonstrierten in Leipzig – in Ungewissheit, ob es zu einer „chinesischen Lösung" kommen würde. Honecker schien – nach allem, was wir wissen – dazu bereit zu sein. Es kam aber nicht zur Niederschlagung der Protestbewegung, obwohl Tausende bewaffnete Kräfte in Bereitschaft standen. Auch angesichts der fehlenden Unterstützung aus Moskau schreckten die Machthaber vor einer brutalen Unterdrückung zurück. Der 9. Oktober beschleunigte den Zerfall der SED-Herrschaft. Untergründig mögen auch die Informationen Gerhard Schürers, des Vorsitzenden der Staatlichen Plankommission, gewirkt haben, dass sich die DDR bei fortgesetzter Verschuldung der Zahlungsunfähigkeit nähere.

Der Niedergang der SED brachte Anfang November eine Annäherung zwischen der Staatspartei und den reformsozialistisch orientierten Bürgerrechtlern. Aber am 9. November überschlugen sich die Ereignisse. Die Öffnung der Mauer – quasi aufgrund eines Versehens bzw. kommunikativer Defizite – führte endgültig dazu, dass die SED und mit ihr der Staat die Kontrolle über den Gang der Ereignisse verloren. Zunächst schien es so, als sollte alles auf eine reformierte und demokratisierte DDR als eigenständiger Staat hinauslaufen. Aber zusehends polarisierte sich die Oppositionsbewegung in Vereinigungsbefürworter und Vereinigungsgegner. Aus der Parole „Wir sind das Volk." war bei den Montagsdemonstrationen in Leipzig die Losung „Wir sind ein Volk." geworden. Es war Bundeskanzler Helmut Kohl, der sich zunächst zögerlich, dann aber um so entschlossener zeigte, diese Stimmung aufzugreifen und in Politik umzusetzen. Er riss die politische Initiative an sich und entwarf vorsichtig die Perspektive der Wiedervereinigung („konföderative Strukturen"). Damit verlagerte sich das Gesetz des politischen Handelns von der DDR nach Bonn. Dass Kohls Einfühlungsvermögen in die Stimmung der ostdeutschen Bevölkerung letztlich richtig war, belegte der Ausgang der ersten freien Volkskammer-Wahlen in der DDR am 18. März 1990. Die CDU-geführte „Allianz für Deutschland" siegte unerwartet deutlich. Damit war zumindest innenpolitisch die Richtung vorgegeben.

Eine zweite Ebene des Einigungsvorgangs stellte die internationale Bühne dar. Dass es der deutschen Diplomatie innerhalb weniger Monate gelang, die Zustimmung der vier Siegermächte des Zweiten Weltkriegs zu erringen, muss auch als ein Wunder angesehen werden. Die stärkste Unterstützung ging vom amerikanischen Präsidenten Bush senior aus. Washington definierte dabei drei Bedingungen für die Wiedervereinigung: Erstens die Einhaltung des Selbstbestimmungsprinzips, zweitens die Unverletzlichkeit der europäischen Grenzen und drittens die Zugehörigkeit des vereinten Deutschlands zur NATO. Da die Regierungen Großbritanniens und Frankreichs der Einheit reserviert bis ablehnend gegenüberstanden, hing alles vom Verhalten der Sowjetunion ab. Diese hatte zweifelsohne am meisten bei einer deutschen Wiedervereinigung zu verlieren. Letztlich gelang es aber der deutschen Diplomatie mit vertrauensbildenden Maßnahmen sowie mit finanziellen Hilfen für die sich in Not befindende Sowjetunion, die Zustimmung zu erhalten. Und das, obwohl auch Gorbatschow zunächst nicht die deutsche Wiedervereinigung, sondern eine reformorientierte DDR vor Augen hatte. Aber die Ereignisse von 1990 hatten eine eigene Dynamik entwickelt. Am Ende ging es nur noch um die Frage, ob das vereinigte Deutschland das Recht besitzen würde, die Bündniszugehörigkeit frei zu wählen. Nachdem die sowjetische Führung dies bei einem Treffen in Washington gegenüber dem amerikanischen Präsidenten eingeräumt hatte (31. Mai 1990), war der Weg endgültig frei. Die französische und britische Veto-Position ließ sich nicht länger aufrechterhalten. Der Rest war Formsache.

M2 „Wer zu spät kommt, den bestraft das Leben"

Die Wirkungen der „Perestroika" auf die DDR-Bevölkerung analysiert der Ostexperte Wolfgang Leonhard:

Der Reformaufbruch in der DDR ist sehr gefördert worden durch die großen Reformen in der Sowjetunion, durch Glasnost (Offenheit) und Perestroika (Umgestaltung). Die Bevölkerung der DDR erfuhr, was sich alles in der Sowjetunion bewegt, wie die Massenmedien frei werden, wie es öffentliche Diskussionen gibt, dann die Vergangenheitsbewältigung, die Wahrheit über die Stalin-Ära, die Tatsache, dass Bücher, die bis dahin verboten waren, in riesigen Auflagen erscheinen konnten. Die DDR-Bürger erfuhren auch von den Mehrkandidatenwahlen zum Kongress der Volksdeputierten am 26. März 1989, von den stürmischen Debatten dieses Kongresses und im Obersten Sowjet, von den riesigen Streiks, die nicht von der Polizei niedergeknüppelt wurden, sondern wo die Regierung mit den neuen Streikkomitees verhandelt hat. Sie erfuhren von der Freiheit in Kunst und Literatur, von dem atemberaubenden Buch von Anatol Rybakow „Die Kinder vom Arbat", welches sofort in der DDR verboten wurde; von dem Film „Die Reue", dem meistdiskutierten Film in der Sowjetunion. Er wurde ebenfalls in der DDR verboten. Und dann kam die Zeitschrift „Sputnik" mit 140000 Abonnenten; auch sie wurde plötzlich verboten. Plötzlich erkannten die Menschen in der DDR, dass sie nicht nur weiter hinter dem Westen ökonomisch und den Freiheiten in der Bundesrepublik zurückblieben. Plötzlich wurden sie auch noch von den gewaltigen Reformen in der Sowjetunion, in Polen und Ungarn abgeschottet. Das alles hat zweifellos die Forderungen nach Reformen in der DDR beflügelt. Dabei war das unmittelbare Einwirken Gorbatschows beim Sturz Honeckers relativ gering. Gorbatschow kam am 7. Oktober zum 40. Jahrestag der DDR nach Ost-Berlin. Er hat sich loyal dem Bündnispartner gegenüber verhalten, aber in Interviews sehr deutlich den Wunsch nach Reformen in der DDR zum Ausdruck gebracht und sogar eine leichte Warnung ausgesprochen, indem er sagte: „Wer zu spät kommt, den bestraft das Leben." Das war ein Hinweis, dass es die sowjetische Führung durchaus gern gesehen hätte, wenn mehr reformerische Kräfte in der SED-Führung allmählich Einfluss bekämen. Ganz entscheidend indes war bei den Gesprächen der Hinweis aus der Delegation Gorbatschows, dass die sowjetischen Truppen für Honecker nicht zur Verfügung stünden, dass diese Truppen sich nicht in die inneren Angelegenheiten der DDR einmischen würden. Das war ein klares Signal, dass sie auch nicht für die Aufrechterhaltung des SED-Regimes zur Verfügung stehen.

W. Leonhard, Das kurze Leben der DDR, Stuttgart 1990, S. 211 f.

M3 Die DDR-Wirtschaft

Ein Generalleutnant des Ministeriums für Staatssicherheit (MfS) hielt im Oktober 1989 das folgende Referat (Auszug):

[...] Diese NSW-Importe[1] wurden aber zum überwiegenden Teil für die Materialversorgung beziehungsweise Konsumtion eingesetzt und nicht, wie erforderlich, für technische Neu- und Ersatzausrüstung in der Verarbeitenden Industrie, wodurch die Abhängigkeiten bei wichtigen Material- und Versorgungspositionen gegenüber dem NSW weiter gestiegen sind. Diese für die DDR ungünstige Entwicklung der zu geringen Valutaeinnahmen gegenüber den hohen wachsenden Zahlungsverpflichtungen für die Begleichung von Zinsen, Tilgung von Krediten, Finanzierung von Importen, Sicherung der Bargeldbilanz, hat dazu geführt, dass sich die seit den Siebzigerjahren bestehenden Probleme bei der Gewährleistung der Zahlungsfähigkeit in den letzten Jahren bedeutend verschärft haben. [...] Die Zahlungsfähigkeit der DDR [...] konnte nur in wachsenden Anstrengungen und unter immer komplizierteren Bedingungen gesichert werden und ist gegenwärtig gefährdet. Dabei ist wohl jedem Anwesenden klar, dass die Gewährleistung unserer Zahlungsfähigkeit eine Frage der Existenz des Sozialismus in der DDR darstellt.
Deshalb ist es auch für uns von höchster sicherheitspolitischer Bedeutung, wenn von kompetenten Persönlichkeiten eingeschätzt wird, dass im Zusammenhang mit der gegenwärtigen inneren Lage in der DDR vonseiten der NSW-Bankenvertreter immer häufiger die Frage nach der Kreditwürdigkeit der DDR gestellt wird.
[...] Wie in der Rede des Generalsekretärs bestätigt wurde, ist die materiell-technische Basis der Volkswirtschaft der DDR bei beträchtlichen Unterschieden in der Bereichs- und Zweigstruktur im Vergleich zu führenden kapitalistischen Industrieländern in den zurückliegenden Jahren weniger umfassend und rasch modernisiert worden, und etwa 18,4 Prozent unserer produktiven Grundfonds sind bereits abgeschrieben und über 20 Pro-

zent älter als zwanzig Jahre. Das entspricht einem dringenden Investitionsbedarf von zirka 500 Milliarden Mark oder anders ausgedrückt, der Höhe von zwei jährlichen Nationaleinkommen.

Ich möchte noch einmal wiederholen, der Investitionsbedarf für die *produktiven* Grundfonds entspricht der Höhe von zwei jährlichen Nationaleinkommen! Jeder von uns hat so viel ökonomische Kenntnisse, um einschätzen zu können, dass die Überwindung dieses Zustandes nicht in einem, nicht in zwei und auch nicht in fünf Jahren erfolgen kann, sondern einen langen Zeitraum einnehmen wird. Schnelle Erfolge sind deshalb nicht zu erwarten oder, wie Egon Krenz am 18. Oktober 1989 sagte, niemand hat ein Zaubermittel, die Probleme von heute auf morgen zu bewältigen.

Es werden zum Beispiel zirka 3000 Megawatt in Dampfturbinen, die bereits über 30 Jahre alt sind, produziert, es gibt aber Dampfturbinen und Dampfkessel, die bereits über 70 Jahre alt sind. Die Altersstruktur der Kraftwerksanlagen weist zirka 40 Prozent Kapazitäten aus, die die technisch zulässige Grenze der Betriebszeit erreicht beziehungsweise überschritten haben.

Von der Mehrzahl der 100-Megawatt-Blöcke wird die technisch zulässige Grenze der Betriebszeit bereits jetzt überschritten und von den 210-Megawatt-Blöcken 1991 bis 1995 erreicht. Das Durchschnittsalter der vorhandenen 49 Brikettfabriken beträgt 75 Jahre, 21 Brikettfabriken sind älter als 80 Jahre.

Die Schwelereien[2] Espenhain, Bohlen und Deuben wurden im Zeitraum 1936 bis 1942 errichtet. Sie sind in großem Maße überaltert und physisch verschlissen. [...] Das führt zu erheblichen Konsequenzen für die Arbeits- und Lebensbedingungen der Werktätigen, was sich in einer Vielzahl von Eingaben von Bürgern sowohl zu den bestehenden Arbeitsbedingungen als auch zu den daraus resultierenden erheblichen Umweltbelastungen ausdrückt. Infolge des desolaten Zustandes der Grundfonds ist eine besondere Gefährdung durch Brände, Havarien und Störungen gegeben. [...] Es ist davon auszugehen, dass sich allein im Ergebnis der demografischen Entwicklung in den Neunzigerjahren das gesellschaftliche Arbeitsvermögen in der DDR beträchtlich verringern wird.

1 NSW = Nicht-sozialistisches Wirtschaftsgebiet
2 Koksproduktion
Zit. nach: Frankfurter Allgemeine Zeitung, 2.10.1998.

M4 Zum Häftlingsfreikauf

Ost-West-Reisende ohne Rückkehr sind die politischen Gefangenen, die von der Bundesregierung aus den DDR-Gefängnissen freigekauft werden. Um 1000 Menschen sind es jährlich, gelegentlich auch mehr, die auf diese Weise in den Westen gelangen (1983 ist unter ihnen einer, der 7,5 Jahre Gefängnis dafür bekommen hat, dass er westdeutsche Journalisten über schwere Zusammenstöße zwischen der Bevölkerung und der Polizei in Wittenberge informiert hat). 1984 werden sogar mehr als 2600 politische Häftlinge freigekauft. Dem Gefangenenfreikauf liegt ein verbindendes Interesse zugrunde: Die Bundesregierung möchte die politischen Gefangenen aus ihren menschenunwürdigen Haftbedingungen befreien, und die DDR möchte – um politische Ansteckung zu vermeiden – Systemkritiker abschieben und dafür gleichzeitig Westgeld eintreiben. Die „Verkaufspreise" richten sich insbesondere nach der Höhe der Strafe (auch der noch zu verbüßenden) und nach dem sozialökonomischen Wert des Gefangenen (Ausbildung, berufliche Stellung): Ein Arbeiter wird für etwa 30000 DM verhandelt; ein Akademiker geht nicht unter 120000 DM weg. Die tatsächlichen Preise für den einzelnen Gefangenen ergeben sich aus den Kaufvorschlägen der Bundesregierung und den Verkaufsangeboten der DDR. Sie können in Einzelfällen deutlich über den genannten Summen liegen.

W. Marienfeld, Die Geschichte des Deutschlandproblems im Spiegel der politischen Karikatur, Bonn 1989, S. 199.

M5 „Hier Lagerleiter Honecker, ich brauch' wieder neue Ware!"
Karikatur von Horst Haitzinger (1981)

M6 Aufruf für eine eigenständige DDR
26. November 1989

Dieser Aufruf von Schriftstellern und Theologen wurde u.a. von Stefan Heym, Christa Wolf und Konrad Weiß unterzeichnet:

Unser Land steckt in einer tiefen Krise. Wie wir bisher gelebt haben, können und wollen wir nicht mehr leben. Die Führung einer Partei hatte sich die Herrschaft über das Volk und seine Vertretungen angemaßt, vom Stalinismus geprägte Strukturen hatten alle Lebensbereiche durchdrungen, durch Massendemonstrationen hat das Volk den Prozess der revolutionären Erneuerung erzwungen, der sich in atemberaubender Geschwindigkeit vollzieht. Uns bleibt nur wenig Zeit, auf die verschiedenen Möglichkeiten Einfluss zu nehmen, die sich als Auswege aus der Krise anbieten.
Entweder:
können wir auf der Eigenständigkeit der DDR bestehen und versuchen, mit allen unseren Kräften und in Zusammenarbeit mit denjenigen Staaten und Interessengruppen, die dazu bereit sind, in unserem Land eine solidarische Gesellschaft zu entwickeln, in der Frieden und soziale Gerechtigkeit, Freiheit des Einzelnen, Freizügigkeit aller und die Bewahrung der Umwelt gewährleistet sind.
Oder:
wir müssen dulden, dass veranlasst durch starke ökonomische Zwänge und durch unzumutbare Bedingungen, an die einflussreiche Kreise aus Wirtschaft und Politik in der Bundesrepublik Deutschland ihre Hilfe für die DDR knüpfen, ein Ausverkauf unserer materiellen und moralischen Werte beginnt und über kurz oder lang die Deutsche Demokratische Republik durch die Bundesrepublik vereinnahmt wird.
Lasst uns den ersten Weg gehen. Noch haben wir die Chance, in gleichberechtigter Nachbarschaft zu allen Staaten Europas eine sozialistische Alternative zur Bundesrepublik zu entwickeln. Noch können wir uns besinnen auf die antifaschistischen und humanistischen Ideale, von denen wir einst ausgegangen sind. Alle Bürgerinnen und Bürger, die unsere Hoffnung und Sorge teilen, rufen wir auf, sich diesem Appell durch ihre Unterschrift anzuschließen.

Zit. nach: Ch. Schüddekopf (Hrsg.), Wir sind das Volk, Reinbek/Hamburg 1990, S. 240 f.

M7

Die Volkskammerwahl 1990
Stimmenanteil in %

Allianz für Deutschland 48,1 %
- CDU 40,9
- DSU 6,3
- DA 0,9
- Liberale 5,3
- sonstige 8,5
- SPD 21,8
- PDS 16,3

Sitze:
- CDU 164
- DSU 25
- DA 4
- 21 Liberale
- SPD 87
- PDS 65
- sonstige 34

Index Funk 4152

M8 Ansichten zur Wiedervereinigung

Die Haltungen der westdeutschen Wissenschaftler und Intellektuellen fasst der Historiker Andreas Rödder zusammen:

Allzu leicht bemerkt und dennoch unverkennbar ist das Ausmaß, in dem nicht nur Politiker und Journalisten, sondern auch die sogenannten Experten von der Wucht der deutschen Entwicklungen 1989/90 überrascht wurden, und wie falsch die Zeitgenossen mit vielerlei Einschätzungen lagen. Der stets als „Osteuropa-Experte" apostrophierte Wolfgang Leonhard gab der BBC im Oktober 1989 auf die Frage, ob „die derzeitigen Entwicklungen in Mitteleuropa […] eines Tages eine Wiedervereinigung Deutschlands bewirken" könnten, entschieden zur Antwort, er „halte dies nicht für möglich." Sollte ein Reformprozess in der DDR in Gang kommen, würden die Menschen „zum ersten Mal auch etwas für ihre DDR empfinden", und somit würden anstelle einer Wiedervereinigung „eher zwei demokratische deutsche Systeme" das Ergebnis sein. Ebenso daneben lagen Vorhersagen zur wirtschaftlichen Entwicklung oder die Wahrnehmungen der schillernd medienpräsenten Politikwissenschaftlerin Margarita Mathiopoulos: „Die Bürger der DDR wollen die Wiedervereinigung nicht. […] Auf Demons-

STAATSVERTRAG BR DEUTSCHLAND – DDR
Die wichtigsten Vertragsinhalte

WÄHRUNGSUNION
- DM einzige Währung
- Deutsche Bundesbank alleinige Zentralbank
- Umtauschkurse Mark der DDR : DM
  - 1 : 1 für Löhne und Gehälter, Renten, Mieten, Pachten, Stipendien
  - 1 : 1 für Guthaben von natürlichen Personen bis zu bestimmten Höchstgrenzen
  - 2 : 1 für alle übrigen Forderungen und Verbindlichkeiten

WIRTSCHAFTSUNION
Die DDR schafft die Voraussetzungen für die soziale Marktwirtschaft:
- Privateigentum
- Freie Preisbildung
- Wettbewerb
- Gewerbefreiheit
- Freier Verkehr von Waren, Kapital, Arbeit
- ein mit der Marktwirtschaft verträgliches Steuer-, Finanz- u. Haushaltswesen
- Einfügung der DDR-Landwirtschaft in das EG-Agrarsystem

SOZIALUNION
Die DDR schafft Einrichtungen entsprechend denen in der BR Deutschland:
- Rentenversicherung
- Krankenversicherung
- Arbeitslosenversicherung
- Unfallversicherung
- Sozialhilfe

Die DDR schafft und gewährleistet nach dem Vorbild der BR Deutschland:
- Tarifautonomie
- Koalitionsfreiheit
- Streikrecht
- Mitbestimmung
- Betriebsverfassung
- Kündigungsschutz

Die BR Deutschland gewährt für die Anschubfinanzierung der Sozialsysteme Mittel aus dem Bundeshaushalt und für den Haushaltsausgleich der DDR Finanzzuweisungen aus dem „Sonderfonds Deutsche Einheit" in Höhe von 115 Mrd. DM

© Globus 8317

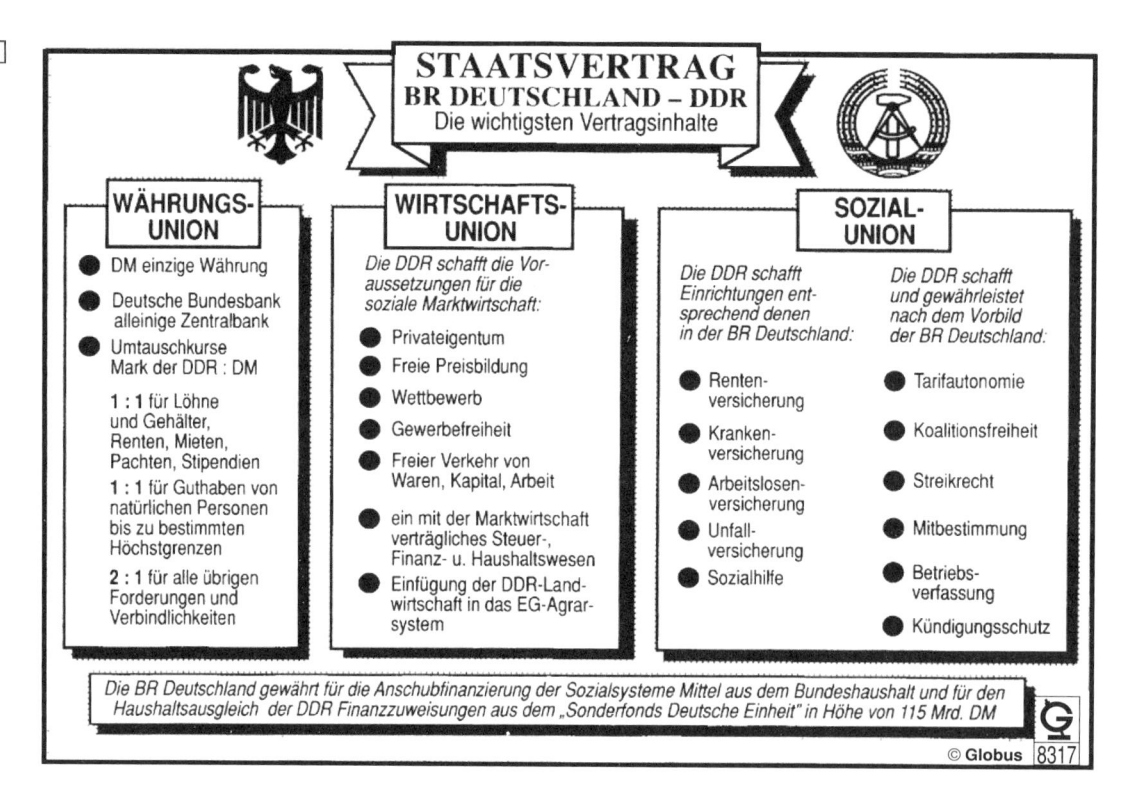

trationen fordern die Menschen Reformen, nicht Wiedervereinigung." Stattdessen postulierte sie am 17. November, acht Tage nach der Öffnung der Mauer in einem großen Artikel in der *Zeit*: „Wir müssen die Teilung Deutschlands anerkennen, um die Teilung Europas zu überwinden." Mangels allenthalben wirklich verlässlicher Expertise von Experten war der Blindflug der politischen Verantwortungsträger in die Einheit unausweichlich.

Ebenso wenig zeichnete sich eine Common opinion unter den Intellektuellen ab, die sich gesellschaftspolitisch zu Wort meldeten. In einem breiten Spektrum von Positionen herrschte dabei ein gewisses Übergewicht – den Positionen weiter Teile der SPD und der Grünen naher – linker Nations- und Einheitsskepsis vor. […] Exponiert argumentierte Günter Grass gegen die deutsche Einheit, so etwa im Februar 1990: „Wer gegenwärtig über Deutschland nachdenkt und Antworten auf die deutsche Frage sucht, muss Auschwitz mitdenken. Der Ort des Schreckens, als Beispiel genannt für das bleibende Trauma, schließt einen zukünftigen deutschen Einheitsstaat aus. Sollte er, was zu befürchten bleibt, dennoch ertrotzt werden, wird ihm das Scheitern vorgeschrieben sein."

Vom Vorwurf der „Raubrittermentalität" der Bundesrepublik in der DDR war es nicht weit zum „pausbackigen DM-Nationalismus", den Jürgen Habermas als Wurzel des Einigungsprozesses ausmachte, gestützt auf die „vorpolitischen Krücken von Nationalität und Schicksalsgemeinschaft". Aus solchen Verdikten sprach eine aufseiten der politischen Linken allgegenwärtige tiefe Abneigung gegen das geradezu verselbstständigte Feindbild des „Nationalstaats", dem eine dezidiert postnationale, europäisch-westliche Orientierung im Sinne Oskar Lafontaines entgegengestellt wurde. Dies gilt auch für Hans-Ulrich Wehler, einen der meinungsstärksten und öffentlich besonders präsenten deutschen Historiker, der die „staatliche Einheit" im Oktober 1989 als „höchst dubioses Ziel" verwarf und stattdessen für eine „gemeineuropäische Konföderation" als „Optimum" und „Ideal" votierte, einschließlich der zwangsläufigen „Anerkennung des Staates DDR".

Demgegenüber reflektierte sein bürgerlicher Antipode Thomas Nipperdey auf das (in den Diskussionen der Achtzigerjahre auf konservativer Seite mit der Nation verbundene) Konzept der „Identität" und die – historisch oder politisch nicht weiter begründete – Vorstellung ihrer „Normalität": „Wer nationale Identität nicht sozusagen selbstverständlich hat, hat ein Identitätsproblem, leidet an einem Identitätsverlust oder einer Störung." Gewohnt pointiert konstatierte Hans-Peter Schwarz frohlockend das „Ende der Identitätsneurose" mit dem Ende ihrer Hauptursache, der Teilung des Landes; ihr Ergebnis sei die „endlich normale Bundesrepublik".

Dabei folgten die Debatten gewissen sprachlichen Mustern. Die linke Kritik neigte zur Dämonisierung der Gegenseite und reklamierte für sich das Rationale und zugleich das Moralische. Die konservative Kritik der linken Nationskritik operierte demgegenüber nicht mit rationaler Deduktion, sondern mit Begriffen aus dem semantischen Feld von Krankheit, der gegenüber sie für sich das Normale und Gesunde reklamierte – mit einem ideologischen Zug erfüllter Sehnsucht, der in einem obligaten „endlich" zum Ausdruck kam.

A. Rödder, Deutschland einig Vaterland. Die Geschichte der Wiedervereinigung, München 2009, S. 174 f.

M 10 Das Zusammengehörigkeitsgefühl der Deutschen

Manfred Stolpe, zu DDR-Zeiten Konsistorialpräsident der Evangelischen Kirche in Berlin-Brandenburg und ab 1990 Ministerpräsident von Brandenburg, in einer Ansprache am 17. Juni 1990 vor den Abgeordneten der DDR-Volkskammer und des Deutschen Bundestages:

Um die Deutschen ist viel gerätselt worden. Ihre nationale Bindung wurde – mehr im Inland als im Ausland – infrage gestellt. Offizielle DDR-Politik versuchte sie zu beseitigen. Kluge Beschreibungen mit dem Hinweis auf die Sprache, die Geschichte und die Kultur bemühten sich, an den Zusammenhalt der Deutschen zu erinnern. Doch eine Nation ist mehr als die Beschreibung soziologischer Eckdaten. Zu den Fakten, dem Fleisch, muss die Seele kommen. Und das sind das Bewusstsein und der Wille zur Zusammengehörigkeit. Das hat gehalten; die deutsche Nation lebt!

Vier Faktoren haben wesentlich dazu beigetragen:

Erstens die Sehnsucht der DDR-Deutschen nach Mitbestimmung, Freiheit und besseren Lebensbedingungen. Wir haben es den Bürgern der Bundesrepublik Deutschland zu danken, dass sie im größten Teil Deutschlands eine freiheitliche, demokratische und rechtsstaatliche Ordnung errichteten und ein leistungsstarkes, sozial kontrolliertes Wirtschaftssystem aufgebaut haben. Nachdem die DDR-Bürger ab November 1989 den Vergleich der Systeme direkt vor Augen hatten, haben sie sich mehrheitlich für das Gesellschaftssystem der Bundesrepublik und gegen einen Verbesserungsversuch an der DDR entschieden.

Zweitens hielt die Politik aller Parteien des deutschen Bundestages den Weg zur Einheit der Nation offen. Sie haben die Spannung zwischen lebensnotwendiger Friedenspolitik, die Zurückhaltung in der deutschen Sache erfordert, und der Bewahrung der Interessen deutscher Menschen fruchtbar zum Nutzen des Friedens und der Deutschen vorangebracht. Die Nuancen ihrer tagespolitischen Positionen sind zweitrangig angesichts des gemeinsamen politischen Grundwillens, den wir aus der DDR mit Respekt, Hoffnung und Dank begleitet haben.

Drittens leisteten Künstler und Schriftsteller einen wichtigen Beitrag zum Zusammenhalt der Deutschen. Heinrich Böll und Günter Grass, Christa Wolf und Stefan Heym, aber auch viele andere, die die Befindlichkeit deutscher Menschen beschrieben, ebenso wie Musiker, Maler, Bildhauer und andere Kulturschaffende, trugen die Kultur der Deutschen weiter und hielten sie weltoffen. Sie haben nach meiner Überzeugung einen unschätzbaren Dienst geleistet. Sie können uns entscheidend helfen, unser nationales Selbstverständnis als Friedensfähigkeit, Toleranz und Freiheitsliebe zu gestalten. Wir sollten ihnen dankbar sein!

Viertens hielten Zehntausende Boten der Einheit die Deutschen zusammen. Das waren die Besucher aus der Bundesrepublik, die keine Schikanen scheuend den menschlichen Kontakt aufrecht erhielten. Verwandtenbesuche in beiden Richtungen festigten die Zusammengehörigkeit. Journalisten hielten deutsch-deutsches Interesse wach. Die Kirchen haben solche Verbindungen massenweise organisiert. Und durch gemeinsame Gottesdienstordnungen, Bibellesungen, Gesangbücher und gesellschaftspolitische Aussagen wurde nicht nur die geistliche Einheit der Kirche, sondern auch deutsches Bewusstsein gefestigt. Gastgeber in Ungarn, Polen und nicht zuletzt der Tschechoslowakei haben deutsche Begegnungen ermöglicht. Freunde aus vielen anderen Staaten halfen den Deutschen, ihre Verbundenheit zu leben. Wir sollten allen danken, die uns halfen, zusammenzubleiben.

Das jährliche Gedenken an den Juni 1953 erinnerte an die Sehnsucht deutscher Menschen nach Selbstbestimmung, Freiheit und besseren Lebensbedingungen. Es klagte die Unmenschlichkeit der gewaltsamen Teilung Europas und Deutschlands an. Es führte den Zusammenhang von Friedenssicherung und Menschenrechten vor Augen. In dieser Stunde können wir dankbar feststellen, dass die Erinnerung zum Ziel führte. In ganz Deutschland bestehen Freiheit und Demokratie. Die Menschen in der DDR haben sich in freier Selbstbestimmung mehrheitlich für die staatliche Einheit Deutschlands entschieden.

Zit. nach: Der Spiegel, Dokument 2, Juli 1990.

M 11 „Staatsfrau" und „Teutone"
(Montreal Gazette nach: Der Spiegel vom 27. August 1990).

M 12 Angst vor den Deutschen?

Der französische Außenminister Roland Dumas über weitverbreitete Ängste (1990):

Die Aussicht auf die deutsche Vereinigung hat bei manchen Argwohn hervorgerufen: Besorgnis, Unsicherheit, Angst – man weiß nicht so recht, welches dieser Gefühle überwiegt. Wie stark wird dieses
5 neue Deutschland?, fragen viele. Und welche Kräfte werden dort die Oberhand gewinnen? [...] Versetzen wir uns an die Stelle derer, die sich fragen: „Muss man Angst vor Deutschland haben?" Wovor und warum sollten sie so spontan Angst haben?
10 Selbstverständlich hat diese Angst historische Wurzeln. Europas konfliktgeladene Vergangenheit bezog sich häufig auf Deutschland, sodass entstand, was man „die deutsche Frage" nennt. 1870, 1914, 1939 – drei Daten der zeitgenössischen
15 Geschichte, die uns Franzosen an den Beginn von Auseinandersetzungen mit Deutschland erinnern; sie endeten für Frankreich zweimal mit einem militärischen Desaster [Zusammenbruch] und mit Katastrophen, die unserer modernen Welt ihren
20 Stempel aufgedrückt haben. In diesem verkürzten geschichtlichen Überblick steht Deutschland als Angreifer da, als eine Macht, die ihre Herrschaft auf ihre europäischen Nachbarn auszuweiten suchte.
Es gibt eine alte Angst vor dem Deutschen, vor
25 diesen „blutrünstigen Soldaten", die einem germanischen, teutonischen Phantom, einem imaginären Zerrbild, entspringen. Da sind ferner die Erinnerungen an vergangene Leiden, an die Besatzung und natürlich an den Nazismus.

Die Angst vor einem vereinigten, also starken 30 Deutschland wird genährt aus der Vorstellung eines mächtigen, herrschsüchtigen und expansionistischen Deutschland: Das löst bei manchem den Reflex aus, diese Macht fürchten zu müssen, ohne die Natur dieser Macht und die Absichten ihrer 35 Machthaber zu analysieren. Das ist bezeichnend für eine eher reagierende als analytische Denkweise und unterschätzt die eigene Fähigkeit, dieser Macht etwas entgegenzusetzen, falls sie feindlich handeln wollte. [...] Deutschland wird seinen 40 Platz in Europa umso eher finden, je europäischer es sich gibt und das Schicksal ganz Europas teilt. Bundespräsident Weizsäcker selbst hat das am 15. März 1990 anlässlich eines von Václav Havel [Präsident der Tschechoslowakei] gegebenen Empfangs 45 gesagt: „Auch heute, und heute erst recht, gibt es keine nationale Politik für uns."
Die Deutschen sind bereit, auf ein friedliches und sicheres Europa hinzuarbeiten, was mehrere Anzeichen und Erklärungen belegen. [...] Die 50 Zugehörigkeit Deutschlands zur Nato ist ein maßgebender Akt der Solidarität. [...] So bekräftigt Deutschland auch seine Absicht, an einem stabilen und friedlichen Europa im Rahmen der KSZE mitzuwirken. Ein neutrales Deutschland wäre 55 undenkbar gewesen, denn das hätte – mehr noch als ein isolierter nationaler Ehrgeiz – bedeutet, dass Deutschland ablehnt, zum Frieden in Europa beizutragen, der doch nur durch gemeinsames Wirken und die Arbeit der Institutionen erreicht 60 werden kann.
Europa braucht ein solches Engagement von Deutschland. [...]
Diese Zukunft [Deutschlands und Frankreichs] hat einen einzigen Namen für Deutsche wie Franzo- 65 sen: *Europa*. Claudel[1] zeigte 1948 schon das Prinzip dieser notwendigen europäischen Zusammenarbeit auf: „Deutschland braucht Europa, und Europa braucht Deutschland."

1 Paul Claudel, 1868–1955, französischer Dichter und Politiker
Zit. nach: Die Zeit, Nr. 38/1990.

M 13 „Schön, ich gab die DDR weg"

Auszug aus einem Spiegel-Gespräch mit Michail Gorbatschow über seine Rolle bei der deutschen Vereinigung:

SPIEGEL: War Ihnen bewusst, dass es mit der DDR vorbei ist, sobald die Mauer fällt?
Gorbatschow: Der zentrale Punkt unserer Politik des Neuen Denkens war die Entscheidungsfreiheit für jedes Volk. Dass die Deutschen das nutzen 5

würden, war mir vollkommen klar. Und auch, dass sie es tun in Zusammenarbeit und Absprache mit den Staaten, deren Verpflichtungen hinsichtlich Deutschlands aus den Entscheidungen resultierten, die nach Ende des Zweiten Weltkriegs getroffen worden waren. Es schien mir ganz klar zu sein, dass es so abläuft. Aber ich bin damals – wie alle anderen, wohl auch Helmut Kohl – davon ausgegangen, das würde ein längerer Prozess sein.

SPIEGEL: Demnach hat von den verantwortlichen Politikern niemand diese Art Vereinigung gewollt oder gar betrieben?

Gorbatschow: In der Geschichte gibt es oftmals Zufälligkeiten. Ich meine nicht, dass Napoleon irgendwo vorbeiging und ihm ein Dachziegel auf den Kopf fiel, sondern eine Fügung im philosophischen Sinn: Es waren doch die Menschen selbst, welche die Mauer eingerissen haben – ob man sie nun dazu angeregt hat oder ob sie ganz spontan dazu gekommen sind …

SPIEGEL: Welche Rolle spielte dabei der Zufall?

Gorbatschow: Da hat der Berliner Bezirkssekretär Schabowski gesagt, die Möglichkeiten zum freien Grenzübertritt würden ausgeweitet. Die Deutschen, als disziplinierte Menschen, haben das so aufgefasst, dass die Frage entschieden und die Grenze eben offen sei. Und das war's dann, entlang der ganzen Grenze begann die Bewegung des Volkes.

SPIEGEL: Entscheidend war dabei, dass die sowjetischen Streitkräfte in den Kasernen blieben.

Gorbatschow: Es wäre Abenteurertum gewesen, wenn es jemandem in den Kopf gekommen wäre, den militärischen Mechanismus in Gang zu setzen. Das hätte unübersehbare Folgen gehabt. Man musste die Politik der Situation anpassen. Ich glaube, wir haben adäquat reagiert.

SPIEGEL: Sie waren also von der Öffnung der Mauer auch überrascht?

Gorbatschow: Gewiss – dass es auf diese Weise und an diesem Tag geschah. Wir waren ja bereits im Fahrwasser eines geplanten graduellen Prozesses, einer Annäherung. Wir waren doch schon dabei, eine angemessene Form für die gegenseitigen Beziehungen zwischen den beiden Deutschlands zu finden. Dass aber die Menschen so reagieren und die Mauer im Endeffekt überflüssig machen würden, das war mir schon vorher im Oktober klar, als ich den Fackelzug zum 40-jährigen Bestehen der DDR gesehen habe. Da habe ich das bereits gesagt, vor speziell ausgewählten Vertretern aller Kreise der DDR, auf die man meinte, sich verlassen zu können.

SPIEGEL: Sie hatten in Ost-Berlin Anfang Oktober 1989 schon das Gefühl, dies könnte das letzte Jubiläum der DDR sein?

Gorbatschow: Ich bin ein Mensch, der sich immer gut unter Kontrolle und im Zaum halten kann, ruhig und ausgeglichen. Wir standen beieinander auf der Tribüne, Honecker, ich und der polnische Präsident Jaruzelski. Hinter uns stand Mieczyslaw Rakowski, der Erste Sekretär der polnischen Bruderpartei. Mieczyslaw spricht gut Russisch, und Deutsch versteht er auch und spricht es. Er beugte sich zu mir: Michail Sergejewitsch, sagte er, verstehen Sie, was die da schreien? Ich sagte: Ich verstehe es. Und er: Das ist doch das Ende!

SPIEGEL: Er selbst berichtet, nach den Rufen „Gorbi, hilf uns" habe er zu Ihnen gesagt: Es sieht so aus, als ob die Deutschen von der Sowjetunion erwarteten, sie solle die Deutschen ein zweites Mal befreien.

Gorbatschow: Das Ende der DDR war tatsächlich schon abzusehen. Aber dieser Prozess hätte sich auch anders entwickeln können. Wenn sich die SED den Perestroika-Reformen angeschlossen, wenn eine Wandlung der Politik wie auch der Politiker selbst stattgefunden hätte, ein Generationenwechsel, und wenn die neuen Politiker eine neue Art wechselseitiger Beziehung zwischen den beiden Deutschlands vorgeschlagen hätten – dann hätte das auch anders ablaufen können. Aber was soll ich jetzt mit Ihnen darüber spekulieren? Die Geschichte liebt den Konjunktiv nicht.

SPIEGEL: Aber an Kreuzwegen muss man die Möglichkeiten kennen, auch im Nachhinein.

Gorbatschow: Honecker hat übrigens nach der Oktober-Demonstration dem Egon Krenz in meiner Gegenwart gesagt: So eine Demonstration hast du organisiert, das lasse ich dir nicht durchgehen. Und Margot war richtig sauer, ja, sie hat Honecker angemeckert, das sei eine Verschwörung.

aus: Der Spiegel, Nr. 40/1995.

M 14 „Mit dem Segen der Nachbarn"

Der Historiker Hagen Schulze betrachtet die Wiedervereinigung aus historischer Perspektive:

In zumindest vierfacher Hinsicht unterscheidet sich die deutsche Gegenwart grundlegend von der deutschen Vergangenheit:

Erstens: Zum ersten Mal in der Geschichte ist der deutsche Nationalstaat „gesättigte Gegenwart", wie sich Ernest Renan[1] im Blick auf das französische Staatswesen ausdrückte. Bisher galt das Diktum Nietzsches[2]: „Die Deutschen sind von vorgestern und von übermorgen – sie haben noch kein Heute." Das lag daran, dass seit der Entstehung der Nationalstaatsidee in Deutschland am Beginn des 19. Jahrhunderts und seit 1871 mit den aufeinanderfolgenden Varianten des Nationalstaates Nation und Staat stets auseinandergetreten waren.

Die frühen Anhänger der Nationalbewegung hatten von der Wiederkehr des mittelalterlichen Reichs geträumt, unter deutscher Führung, aber einschließlich Böhmens und Oberitaliens; das kleindeutsche Bismarck-Reich galt vielen nur als Abschlagszahlung auf die Verwirklichung eines großdeutschen Reichs. Die Weimarer Republik zerrieb sich im Kampf um die Revision des Versailler Vertrages und der deutschen Ostgrenze, der Teilstaat Bundesrepublik Deutschland hatte die Wiederherstellung der Grenzen von 1937 zum politischen Imperativ [Pflichtgebot] erhoben. Nie war die jeweilige staatliche Hülle genug, sie war stets Provisorium, Durchgangsstadium auf dem Weg zu einer Utopie, die nur gewaltsam oder gar nicht verwirklicht werden konnte. Daher die besonderen neurotischen [hier: krankhaften] Ausdrucksformen des deutschen Nationalismus und der deutschen Identitätssuche. Das ist jetzt vorbei. Seit dem 3. Oktober 1990 ist die Bundesrepublik Deutschland die einzige denkbare staatliche Hülle der deutschen Nation, ohne jede legitime Konkurrenz in den Köpfen der Bürger. Die Frage Ernst Moritz Arndts[3]: „Was ist des Deutschen Vaterland?" ist endgültig beantwortet.

Zweitens: Damit im Zusammenhang: Zum ersten Mal in ihrer Geschichte können die Deutschen beides ganz haben – Einheit und Freiheit. Seit dem Beginn der Moderne hatte es so ausgesehen, als sei das nicht möglich, als könnten die Deutschen von der Freiheit und der Einheit immer nur das eine ganz, das andere allenfalls verkrüppelt bekommen. Dem „Vertrag zur deutschen Einheit" zufolge soll nun die Präambel des Grundgesetzes geändert werden. An die Stelle der Aufforderung an das deutsche Volk, die Einheit und Freiheit Deutschlands zu vollenden, tritt künftig der Satz: „Damit gilt dieses Grundgesetz für das gesamte deutsche Volk." Das heißt: Die alte Diskussion darüber, ob die Identität der Deutschen durch nationale Tradition oder durch Verfassungsbindung bestimmt sei, [...] diese Diskussion hat sich erledigt. Künftig ist der deutsche Nationalstaat das Gehäuse für die freiheitlichen Institutionen des Grundgesetzes. Beides fällt von jetzt an in eins.

Drittens: Zum ersten Mal in der Geschichte haben sich die Deutschen nicht gegen ihre Nachbarn, sondern mit deren Zustimmung zusammengeschlossen. Das vereinigte Deutschland wird nicht mehr als Störenfried Europas wahrgenommen. Bei allen verständlichen historisch begründeten Reminiszenzen [Erinnerungen], bei allen Befürchtungen angesichts der wirtschaftlichen und demografischen Ballung in der Mitte des Kontinents: Deutschland wird als notwendiger Bestandteil des europäischen Systems, aber auch als künftige Großmacht akzeptiert. [...]

Viertens: Der deutsche Nationalstaat ist unwiderruflich an den Westen gebunden. Gerade der Umsturz in der DDR hat aller Welt gezeigt, dass auch die Menschen in Ostdeutschland nicht nur der wirtschaftlichen Ordnung, sondern auch der politischen Kultur des Westens angehören wollen. [...] Heute dagegen sind diejenigen, die in Deutschland den Einrichtungen wie der Kultur der westlichen parlamentarischen Demokratie fremd gegenüberstehen und Träumen von einem politischen, kulturellen und wirtschaftlichen Sonderweg nachhängen, eine politisch aussichtslose Minderheit. [...] Nun haben wir ihn von Neuem, den Staat der deutschen Nation, wenn er auch nach innen noch zu gründen ist. Aber gerade hier zeigt sich, wie notwendig dieses Staatswesen ist – nur in nationaler Solidarität sind die schweren inneren Verwerfungen Deutschlands in absehbarer Zeit auszugleichen. Und beweist nicht der Blick auf unsere westlichen und nördlichen Nachbarn, dass es seit dem 19. Jahrhundert der Nationalstaat, und nur er, vermocht hat, dauerhaften demokratischen Institutionen eine stabile Hülle zu sein? Die Abgesänge auf den Nationalstaat waren voreilig; solange nicht die entsprechenden demokratisch-legitimierten Institutionen auf der europäischen Ebene bereitstehen, gibt es zum Nationalstaat keine erkennbare Alternative.

1 E. Renan (1823–1892), französischer Religionswissenschaftler und Schriftsteller

2 F. Nietzsche (1844–1900), deutscher Philosoph und Philologe

3 E. M. Arndt (1769–1860), patriotischer deutscher Schriftsteller, u.a. bekannt wegen seines Aufrufs zum Kampf gegen Napoleon.

Hagen Schulze, in: Die Zeit, Nr. 49/1990

M 15 Der Geschmack der Freiheit

Der Journalist Hans Halter beschreibt das unterschiedliche Werte-Gefühl in Ost- und Westdeutschland:

Wenn „Revolution" den erzwungenen Transfer der Macht im Staate bedeutet, dann war die unblutige Erhebung im November 1989 wirklich eine Revolution. Dann hat auch der Bundespräsident Roman

Herzog recht, der den Franzosen Mitte Oktober dieses Jahres in Paris erläutert hat, dass „der Fall der Bastille am 14. Juli 1789 und der Fall der Mauer am 9. November 1989 zwei Symbole für das Ende von Unterdrückung und Unfreiheit" sind.

Nur sehen das die neuen Bundesbürger mehrheitlich ganz anders. Alle Meinungsumfragen ergeben ein graues Bild tiefer Tristesse: Drei von vier Ostdeutschen sind fest davon überzeugt, dass die deutschen Bürger vor dem Gesetz nicht gleich sind, ebenso viele halten sich selbst für „Bürger zweiter Klasse". Sie fühlen sich weder vom Recht noch von der Polizei beschützt.

Ein Verbrecher, so meint jeder zweite Ostdeutsche, werde im wiedervereinigten Deutschland besser geschützt als ein normaler Bürger.

Dass die „Demokratie in der Bundesrepublik die beste Staatsform" sei, glauben im Westen gut 70 Prozent der Befragten, in den neuen Bundesländern aber nur 30 Prozent.

Am schlechtesten aber steht es um die Freiheit. Sie ist bei dieser deutschen Revolution unter die rollenden Räder gekommen. Siegesgewiss verkündete der Berliner ADAC-Chef Wolf Wegener schon fünf Tage nach dem Fall der Mauer: „Gerade jetzt hat das Auto bewiesen, dass es ein maßgebliches Stück Freiheit ist. Der Trabi ist dafür Symbol."

Als das „Zentrum für Gerechtigkeitsforschung" der Potsdamer Universität im letzten Jahr 329 Brandenburger nach ihren „Veränderungserfahrungen" befragte, lobten 194 die neue Reisefreiheit als positive Veränderung, aber nur 38 Neubürger die importierte „freiheitlich-demokratische Grundordnung" samt Roman Herzog und den Menschenrechten.

Je länger Mauersturm und Wiedervereinigung zurückliegen, desto liebenswerter verklärt sich die DDR. Werden Ostdeutsche nach ihren Empfindungen bei der Wiedervereinigung befragt, so erinnern sich lediglich sieben Prozent an das schöne Gefühl „Freiheit", gut dreimal so viele aber an ihre Ängste vor beruflichem und sozialem Abstieg, vor der Zukunft und einer Verschlechterung der persönlichen Lebensverhältnisse.

Selbst die Repression [Unterdrückung] im Namen der sogenannten Diktatur des Proletariats wird aus dem Gedächtnis getilgt. „Was war nach Ihrer Meinung für die DDR typisch?", fragte das Gesellschaftswissenschaftliche Forum Berlin 1990 und 1995 die neuen Bundesbürger. „Gängelei und Bevormundung" konstatierten 1990 noch 73,4 Prozent, fünf Jahre später nur noch 40,4 Prozent. An die „totale Überwachung" erinnerten sich 1995

M 16 Bundesrepublik im Urteil der Jugend

Was jungen Leuten am meisten an der Bundesrepublik gefällt		
Nennungen in Prozent	Jugendliche West	Jugendliche Ost
Reise- und Meinungsfreiheit	23	16
Marktwirtschaft	14	24
Lebensqualität	13	19
Soziales Netz	10	4
Rechtsstaatlichkeit	9	3
Alles	5	1
Konsummöglichkeiten	4	21
Entfaltungsmöglichkeiten	3	8
Umweltschutz	3	13
Bildung, Kultur	2	2

Mehrfachnennungen; Umfrage des Instituts für empirische Psychologie bei 1 920 Jugendlichen im Alter zwischen 16 und 24 Jahren im Mai/Juni 1990; Quelle: IBM Jugendpanel 1990
© 46/1990 Deutscher Instituts-Verlag

nur noch 42 Prozent der Ex-DDRler, 1990 waren es 72,6 Prozent gewesen.

Auf die Frage „Wie bewerten Sie heute die DDR?" erklärte eine satte Dreiviertelmehrheit selbstgefällig und zufrieden: „Die DDR war vor allem der Versuch, eine gerechtere Gesellschaft zu gestalten." Deshalb, sagt der Leipziger Psychotherapie-Professor Michael Geyer, „pflegt der Ostdeutsche diese tief greifende Überzeugung, er sei im Grunde der bessere Mensch".

Vergessen oder verdrängt hat die Mehrheit der Untertanen, dass die Deutsche Demokratische Republik eine totalitäre Diktatur war – mit allen dazugehörenden Merkmalen: dem allein gültigen Herrschaftsanspruch einer Einheitspartei, ihres Politbüros und des Generalsekretärs, verherrlicht durch einen byzantinischen Personenkult; einer terroristischen Geheimpolizei, die „flächendeckend" überwachte und jede Opposition im Keim „zersetzte", notfalls „liquidierte" [hier: vernichtete]; schließlich einem Zukunftsanspruch, der für spätere Zeiten paradiesische Zustände verhieß. […]

„Freiheit" definieren die Bürger der neuen Bundesländer mehrheitlich noch immer ganz anders als die Deutschen westlich der ehemaligen Zonengrenze. Dort verordneten Amerikaner, Engländer und Franzosen 1945 den Besiegten ein Nachhilfeprogramm.

Nach gut 20 Jahren trug es sichtbar Früchte. Seit Anfang der Siebzigerjahre verstehen die Bundesbürger wie ihre westlichen Alliierten unter Freiheit vor allem die liberalen Freiheitsrechte des Einzelnen gegenüber dem Staat, das Recht auf freie Meinungsäußerung und die Rechtsstaatlichkeit. Freiheit des Individuums gegenüber dem Staat gilt als der oberste Wert der Demokratie.

Im Osten hingegen hat ein totalitärer Freiheitsbegriff überdauert. Der untergegangene Staat versprach seinen Untertanen als Freiheit nur die Abwesenheit von Not, Arbeits- und Obdachlosigkeit – mithin Fürsorge statt Freiheit.

Mit dem Freiheitsstreben der Bevölkerung in den neuen Bundesländern ist es, wie Meinungsumfragen beweisen, noch immer nicht weit her – keine Überraschung angesichts der jahrhundertelangen Gängelung. Auf die Allensbach-Frage, welche Freiheit dem Einzelnen „persönlich sehr wichtig" sei, antworten 13 Prozent, das sei die „Versammlungs- und Demonstrationsfreiheit", 15 Prozent optierten für die „freie Wahl zwischen verschiedenen Zeitungen" – 75 Prozent der neuen Bundesbürger bezeichneten jedoch die „Freiheit von finanziellen Risiken bei Krankheit" als sehr wichtig, ein sicherer erster Platz für dieses Freiheitsstreben.

„Einschränkungen der bürgerlichen Freiheit scheinen der Mehrheit der ostdeutschen Bevölkerung ein akzeptabler Preis zu sein", kommentiert das Allensbacher Institut seine Zahlen, „wenn dafür mehr Sicherheit vor Risiken erreicht wird." Konsequenterweise ist die „Freiheit von Staatsüberwachung" nur jedem zweiten Ex-DDRler persönlich sehr wichtig und die „freie Wahl zwischen politischen Parteien" nur jedem dritten. Die Ostdeutschen, schreibt das *Neue Deutschland*, wollen sich die DDR nicht nehmen lassen – aber sie auch nicht wiederhaben. Statt Freiheit wird Gleichheit gewünscht, „In Freiheit leben und sich ungehindert entfalten", das wollen laut Allensbach in den neuen Bundesländern nur 35 Prozent der Bürger (1990 noch 47 Prozent). Vor die Wahl zwischen Freiheit und Gleichheit gestellt, antworten in diesem Frühjahr 47 Prozent (1990: 41 Prozent) der Befragten, ihnen sei „Gleichheit am wichtigsten, dass also niemand benachteiligt ist und die sozialen Unterschiede nicht so groß sind". Insgesamt findet die Forderung „Mehr Gleichheit, weniger soziale Unterschiede" bei 77 Prozent der Ostdeutschen eine positive Resonanz. Gleichheit, verstanden als Fürsorge, Schutz und Sicherheit, sehen die neuen Bundesbürger im vereinigten Deutschland höchst mangelhaft entwickelt. [...]

Mitte Oktober hat die Potsdamer Universität die Ergebnisse einer „Elite-Studie" vorgestellt. Befragt wurden Führungskräfte aus West und Ost – Politiker, Militärs, Gewerkschafter, Beamte. Je nach geografischer Herkunft kultivieren die Eliten einen eigenen „Wertehaushalt", weitgehend unabhängig von der Parteipräferenz.

Die westdeutschen Eliten wollen einen liberalen Staat, eine repräsentative Demokratie und sind kaum bereit, für staatliche Leistungen auf individuelle Freiheitsrechte, Selbst- und Mitbestimmung zu verzichten.

Ost-Eliten, so heißt es in der Potsdamer Untersuchung, bevorzugen hingegen „ein Staatskonzept, welches auf eine möglichst umfassende wirtschaftliche Steuerung und Initiative sowie eine sehr weitreichende Absicherung des Individuums gegen soziale Risiken abzielt".

Die ostdeutschen Führungskräfte sind sicher, dass die einheimische Bevölkerung damit einverstanden ist, Freiheiten gegen Sicherheiten, Autonomie gegen Vormundschaft einzutauschen.

H. Halter, in: Der Spiegel, Nr. 45/1996.

M 17 Gesellschaft im Umbruch

Die Wiedervereinigung verlangte von den Ostdeutschen eine enorme Anpassungsleistung:

Während sich für die westdeutsche Gesellschaft durch die deutsche Einheit nicht viel ändern sollte und zunächst auch nicht sichtlich änderte, bevor eine Stagnation der Wohlstandsentwicklung auf insgesamt hohem Niveau fühlbar wurde, blieb in den neuen Ländern kaum etwas, wie es gewesen war.

Die Gesellschaft der DDR hatte, wie es eine Studie des Instituts für Sozialdatenanalyse Ende Mai 1990 formulierte, „insgesamt in einer ‚Zwischenmoderne' gelebt. Binnen kürzester Zeit wurde sie mitsamt ihrem Wertekanon, der vom westlichen Wertewandel seit den Sechzigerjahren nur sehr bedingt erfasst worden war, in das Zeitalter der Postmoderne und ihrer radikalen Pluralisierung katapultiert, als deren Kennzeichen Zygmunt Baumann die „Zerschlagung der Gewissheit" benannt hatte. Aus dem abgeschotteten Stillstand einer übersubventionierten planwirtschaftlichen Fürsorgediktatur, die auf einer retardierten schwerindustriellen Stufe der modernen industriellen Entwicklung stehen geblieben war, wurde das gesamte Land mit einem Schlag in die Turbulenzen einer marktwirtschaftlichen Wirtschafts- und Gesellschaftsordnung mit all ihren Freiheiten und Risiken sowie der Veränderungsdynamik des mikroelektronischen Zeitalters gestoßen. Zugleich wurde es von der heraufziehenden und durch den Zusammenbruch des Ostblocks befeuerten

Globalisierung erfasst, die ein nochmals deutlich höheres Maß an Veränderungsgeschwindigkeit und Flexibilisierungsbedarf mit sich brachte. Ostdeutschland war zu einem doppelten Modernisierungssprung von einem besonders niedrigen Ausgangspunkt aus gezwungen.

Dieser potenzierte Wandlungsprozess erfasste praktisch alle Lebensbereiche und wirbelte vertraute Strukturen und Erfahrungen der gesamten Lebenswelt durcheinander: von der Notwendigkeit der Kaufentscheidung zwischen verschiedenen Konsumprodukten über die Anforderungen der Sozialversicherung, des Steuersystems und der bundesdeutschen Rechtsverhältnisse – das Sozialrecht der DDR zum Beispiel hatte nur zehn Prozent der Normenbestände des bundesdeutschen umfasst –, über die Erschütterung von Karriereperspektiven und Lebensplanungen bis hin zur Umwertung (fast) aller Werte, einschließlich der Entwertung bisheriger Qualifikationen. Obwohl die Kenntnisse in der DDR über die Bundesrepublik vor 1989 weit größer gewesen waren als umgekehrt, war die westliche Lebensform im konkreten Vollzug und als unvermittelte Herausforderung weithin unbekannt.

Die Wiedervereinigung forderte von den Einzelnen in der DDR radikale Umorientierungen und immense Anpassungsleistungen. Freiheit im westlichen Sinne war erst zu lernen, und zugleich war sie mit neuen Risiken und dem Verlust von gewohnter Sicherheit verbunden, allem voran der Sicherheit des Arbeitsplatzes, der in der Wertehierarchie der Ostdeutschen ganz oben rangierte. „Nur zögernd verlassen wir", so skizzierte Hans Joachim Meyer, Bildungs- und Wissenschaftsminister der DDR, diese lebensweltliche Dimension, „das Gefühl sozialer Sicherheit, das der paternalistische Staat vermittelte. Es ist wahr, dies war die miserable Sicherheit der ungleichen Verteilung des Mangels. Dennoch schien diese Gesellschaft die radikale Existenzgefährdung und das nicht mehr überschaubare Risiko [...] auszuschließen. Es war Staatsdoktrin, politische Unfreiheit durch das Gefühl sozialer Sicherheit zu kompensieren."

A. Rödder, Deutschland einig Vaterland. Die Geschichte der Wiedervereinigung, München 2009, S. 339 ff.

M 18 Ein zweites Mezzogiorno?

Ökonomen beleuchten den Stand der Annäherung zwischen neuen und alten Bundesländern:

Nicola Hülskamp vom Institut der deutschen Wirtschaft Köln (IW) und Marcel Thum von der Technischen Universität Dresden illustrierten die Auswirkungen des Bevölkerungsschwunds. Seit 1980 ist die Zahl der ostdeutschen Einwohner von 16,7 auf 14,7 Millionen geschrumpft. 2050 werden es nur noch 9,8. Millionen sein. Während die westliche Erwerbsbevölkerung zwischen 2005 und 2020 um 0,9 Prozent wachsen wird, dürfte sie im Osten um 16,5 Prozent zurückgehen. Das bedeute jedoch nicht, dass die Arbeitslosigkeit von selbst verschwinde, hieß es: Während es zu einer Knappheit bei Hochqualifizierten komme, nehme die Arbeitslosigkeit bei mittleren Qualifikationen weniger deutlich ab und bei Geringqualifizierten kaum.

Sinn [vom Ifo-Institut] zufolge ist die Konvergenz auch bei den Investitionen zum Stillstand gekommen. Die Pro-Kopf-Investitionen in den Bau hinkten dem Westwert um 10 Prozent hinterher, die Ausrüstungsinvestitionen sogar um 20 Prozent. Klaus Deutsch von Deutsche Bank Research wies auf die Defizite in der Unternehmensdichte und -größe hin. Die Kapitalausstattung kleiner Unter-

M 19 „Ist die Einheit unbezahlbar? – Große Pleite"
Spiegel-Titelbild vom 23.03.1992.

Demokratie als Staatsform 2000–2006/7	Westdeutschland			Ostdeutschland		
	2005	2005	2006/07	2000	2005	2006/07
	in %					
„Die Demokratie ist die beste Staatsform."	92	85	–	78	64	–
„Es gibt eine andere Staatsform, die besser ist."	3	6	–	8	22	–
„Die Demokratie in Deutschland ist die beste Staatsform."	80	71	89	49	38	63
„Es gibt eine andere Staatsform, die besser ist."	9	17	3	27	41	12

aus: Statistisches Bundesamt (Hg.), Datenreport 2008, Bonn 2008, S. 397 (unter Bezug auf unterschiedliche Studien)

M 20

nehmen sei zu schwach, die Wertschöpfungsketten erwiesen sich als unterentwickelt, die Exportquoten als zu gering.

Deutlich stärker angeglichen als die Produktivität haben sich die Löhne in den neuen Ländern, die im Durchschnitt 70 Prozent des Westniveaus erreichen. Damit habe sich der wachstumstreibende Mechanismus, dass die Lohnsteigerungen hinter dem Produktivitätsfortschritt zurückbleiben müssten, bedenklich umgekehrt, mahnte Sinn. „Das ist der Hauptgrund für die fehlende Konvergenz: Warum sollten Investoren nach Ostdeutschland kommen und ihr Kapital verbrennen?" Das Lohnniveau habe Italien, Frankreich oder Amerika überholt. Hingegen wachse Irland, dessen Arbeitskosten seit langem hinter den ostdeutschen zurückbleiben, schneller als jedes andere Land in Europa. Sinn erinnerte daran, dass die Ostlöhne 1990 nur etwa 30 Prozent des Westwerts betrugen. „Wären die Löhne von dieser Basis aus nicht stärker gewachsen als die Produktivität, hätten wir heute in Ostdeutschland einen Aufschwung wie in Irland", sagte Sinn. „Die Investoren würden sich um die Arbeitskräfte reißen."

Das verfügbare Einkommen der Ostdeutschen hat sich dem Westniveau deutlich stärker genähert als die Wirtschaftskraft. Kaufkraftbereinigt beziffert es Ragnitz auf 90 Prozent. „Real gibt es faktisch keine Unterschiede zwischen Ost und West mehr." Sinn ergänzte, dass die gesetzlichen Renten real sogar um 20 Prozent über den Westbezügen lägen. Er bezeichnete Ostdeutschland als eine Transferökonomie, da die Absorption (der Gesamtverbrauch) mit 416 Milliarden Euro im Jahr deutlich über dem Bruttoinlandsprodukt von 287 Milliarden Euro liege. Den Zahlen zufolge speist sich der Verbrauchsüberhang aus den Kapitalimporten, vor allem aber aus den öffentlichen Transfers von etwa 98 Milliarden Euro im Jahr. Davon stammen 46 Prozent aus Sozialkassen wie Renten oder Arbeitslosengeld, 24 Prozent aus dem Solidarpakt. „Von jedem Euro, der im Osten ausgegeben wird, kommen 31 Cent aus dem Westen", konstatierte Sinn. „Noch nie ist eine Region in solchem Umfang von außen finanziert worden."

Ost-Deutschland wird immer mehr zu einem zweiten Mezzogiorno, aus: Frankfurter Allgemeine Zeitung, 21.3.2007.

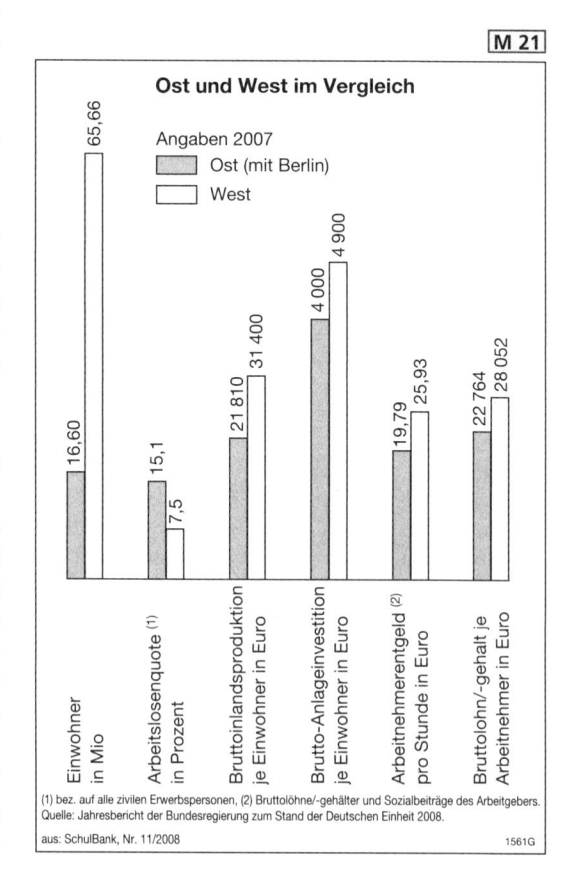

M 21

Ost und West im Vergleich

Angaben 2007
- Ost (mit Berlin)
- West

	Ost (mit Berlin)	West
Einwohner in Mio	16,60	65,66
Arbeitslosenquote (1) in Prozent	15,1	7,5
Bruttoinlandsproduktion je Einwohner in Euro	21 810	31 400
Brutto-Anlageinvestition je Einwohner in Euro	4 000	4 900
Arbeitnehmerentgeld (2) pro Stunde in Euro	19,79	25,93
Bruttolohn/-gehalt je Arbeitnehmer in Euro	22 764	28 052

(1) bez. auf alle zivilen Erwerbspersonen, (2) Bruttolöhne/-gehälter und Sozialbeiträge des Arbeitgebers.
Quelle: Jahresbericht der Bundesregierung zum Stand der Deutschen Einheit 2008.

aus: SchulBank, Nr. 11/2008   1561G

3.3 Zwei Diktaturen in der deutschen Geschichte

In Deutschland gibt es seit Jahrzehnten eine kontrovers geführte wissenschaftliche Debatte darüber, wie die zwei deutschen Diktaturen im 20. Jahrhundert zu beurteilen seien. Unstrittig ist, dass es sich nicht nur beim Nationalsozialismus, sondern auch hinsichtlich der SED-Herrschaft um eine Diktatur gehandelt hat. Die Diskussionen entzünden sich eher an der Frage nach der politischen Form bzw. der jeweiligen Gewaltsamkeit der Diktatur. Erörtert wird auch, ob die DDR-Diktatur nicht eher als von der sowjetischen Besatzungsmacht oktroyiert verstanden werden muss – somit als eine Art von Fremdherrschaft. Im Vergleich dazu steht außer Zweifel, dass die NS-Diktatur einen sehr deutschen Charakter besaß.

Totalitarismustheorie

Im westlichen Nachkriegsdeutschland dominierte lange Zeit die Totalitarismustheorie. Diese stammt aus der Zeit des beginnenden sogenannten Kalten Krieges ab Mitte der Vierzigerjahre. Die Vertreter dieser Theorie betonten die Gemeinsamkeiten zwischen dem faschistischen und dem sowjetkommunistischen Herrschaftstyp, um diese vom demokratischen Rechtsstaat abzugrenzen. Die Anhänger der Totalitarismustheorie sahen in beiden Regimen den Trend, das Individuum umfänglich („total") zu erfassen und in das System einzufügen. Die damit verbundene Gewaltsamkeit und die Freiheitsberaubung widersprachen aufs Tiefste dem Grundrechtsverständnis des Liberalismus.

Verordneter Antifaschismus

Wie unterschiedlich die Forschungsschwerpunkte gesetzt wurden, wird auch anhand der DDR-Geschichtsschreibung deutlich. Hier spielte das politische Interesse der Staatsmacht eine entscheidende Rolle. Als Hauptschuldiger am „Hitlerfaschismus" wurde monokausal das Bündnis von Finanzkapital (Banken) und Schwerindustrie ausgemacht. Der Nationalsozialismus wurde als „Herrschaftsform des Monopolkapitalismus in seiner Niedergangsperiode" bezeichnet.

Im Unterschied zur pluralistischen Wissenschaftskultur wurde im Osten die Sichtweise politisch verbindlich vorgegeben. Maßgeblich war dabei die Definition, die die Kommunistische Internationale 1933 verabschiedet hatte. In deren Beschluss wurde der Faschismus als „offene terroristische Diktatur der am meisten reaktionären (...) und imperialistischen Elemente des Finanzkapitals" bezeichnet. Auf dieser ideologischen Grundlage konnte die DDR ihre eigene Diktatur als „antifaschistisch" deklarieren.

Dieser Antifaschismus diente dem DDR-Regime dazu, sich Legitimität zu verschaffen. Die Absage an den Faschismus geriet zu einer Art Staatsreligion, zumal die SED die Existenz „ihres" Staates als Gegenentwurf zum Dritten Reich bezeichnete. Folglich erklärte sie den Aufstand am 17. Juni 1953 zum „faschistischen Putsch", was er gewiss nicht war. Und die Mauer in Berlin geriet in der Sprachregelung der DDR zum „antifaschistischen Schutzwall", was sie gewiss auch nicht war. Gleichzeitig diente der Faschismusvorwurf im Kalten Krieg als propagandistisches Instrument gegen die Bundesrepublik Deutschland. Die DDR definierte sich so als die scheinbar bessere Alternative der beiden deutschen Staaten.

75

M 1 Zwei Diktaturen – und doch nicht zweimal dasselbe

Der Theologe und Publizist Richard Schröder sieht Unterschiede zwischen NS-Regime und der SED-Herrschaft:

[…] Trotzdem bleiben gravierende Unterschiede.
a) Das NS-Regime war hausgemacht deutsch. Die Verachtung der Weimarer Demokratie war kein Proprium [Vorbehalt] der Nazis, sie war bei den Kommunisten ebenso stark, aber auch im Bürgertum verbreitet. Das SED-Regime dagegen war aus der Sowjetunion importiert. In der DDR hatten wir es immer nur mit Satrapen [Statthaltern] zu tun. Die Schlüssel für Veränderungen lagen in Moskau. Wir bewundern diejenigen, die ein Attentat auf Hitler geplant haben. Ein Attentat auf Ulbricht oder Honecker wäre schlicht sinnlos gewesen. Moskau hätte einen Nachfolger inthronisiert, fertig. In der DDR konnte keine Opposition ins Zentrum der Macht vordringen. Übrigens: Die evangelische Kirche in Deutschland hatte eine gewisse Mitschuld an der Machtergreifung Hitlers. An der Machtergreifung der Kommunisten hatte sie überhaupt keine Schuld. In der Nazizeit war die evangelische Kirche gespalten, nicht nur politisch und kirchenpolitisch, sondern auch theologisch. Die evangelische Kirche in der DDR war sehr pluralistisch, aber einen Gegensatz wie den zwischen Deutschen Christen und Bekennender Kirche hat es in ihr nicht gegeben.
b) Das NS-Regime hatte es von vornherein ausdrücklich auf Eroberung („Volk ohne Raum") und auf die Verfolgung der Juden abgesehen. Spätestens seit dem Ausbruch des Zweiten Weltkriegs mussten die Wissenden sagen: Es kann nicht mehr schlimmer kommen. In der DDR dagegen mussten wir Älteren jedenfalls sagen: Es war schon einmal schlimmer, nämlich unter Ulbricht. Die wilden Verhaftungen und Haft ohne Gerichtsurteil gab es unter Honecker nicht mehr, Feindsender hören wurde toleriert, das Risiko von Ost-West-Kontakten minderte sich erheblich. Das Feindbild wurde zwar bis zuletzt aufrechterhalten, aber als Honecker sogar Strauß empfing, konnten wir sagen: Der Imperialismus ist zwar der Feind der Menschheit, aber wie heißen eigentlich diese Ungeheuer mit Namen? Die Kommunisten haben mit ihren „Feinden" verhandelt. Am Ende sind sie selbst gescheitert daran, dass sie sich auf eine Außenpolitik der begrenzten Kooperation eingelassen haben und deshalb eine Innenpolitik der totalitären Konfrontation nicht durchhalten konnten. Das SED-Regime hat keinen Krieg vom Zaun gebrochen und keine Vernichtungslager installiert. Das SED-Regime war allerdings am Einmarsch in die ČSSR beteiligt, hat eine intensive Militarisierung der Gesellschaft betrieben und für den Fall der Fälle Internierungslager geplant. Die völlige Gleichsetzung beider Diktaturen ist eine Verharmlosung des Nationalsozialismus. Wer aus Nazideutschland flüchtete, rannte um sein Leben.
Diejenigen, die in den letzten Jahren Ausreiseanträge gestellt haben, wollten zumeist ihre Lebenschancen verbessern. Manche hatten sich an den DDR-Verhältnissen wund gerieben. Der Flüchtlingsfreikauf hat schließlich bewirkt, dass für politische Gefangene die Höchststrafe war: ab nach Westen.
c) Beide Diktaturen waren ideologische Diktaturen. Und doch gibt es auch hier Unterschiede. Die Nazis haben sich gar nicht erst um „Klassiker" bemüht. Ihre Ideologie war ein einziger Albtraum. Die Kommunisten haben sich auf Texte berufen. Das war immerhin eine Kontrollinstanz. Und die sozialistische Ideologie war eine Perversion von Motiven der Aufklärung. Das hat zwar einerseits die Verführungskraft dieser Ideologie erhöht, andererseits aber auch für den, der dazu bereit war, eine Auseinandersetzung ermöglicht.
d) Und deshalb haben beide Diktaturen auch ein völlig verschiedenes Ende gefunden. 1945 sprach man von Zusammenbruch. Die zerstörten Städte, die vielen Flüchtlinge und vaterlosen Familien, der Hunger warfen die Bevölkerung zurück auf das Überleben. Die Gräuel der Nazizeit wurden für viele verdeckt durch die Not und die „Schmach" des verlorenen Krieges. Sehr viele hielten auch 1945 noch Hitler für einen großen Führer und den Nationalsozialismus für eine gute Sache. Die Alliierten stellten das deutsche Volk unter Kuratel [Aufsicht]. Sie verordneten Reeducation und Entnazifizierung, aber der Ausbruch des Kalten Krieges ließ beides schnell zu Ende gehen.

Die Welt, 16.4.1993

M 2 Totalitarismustheorie

Die Totalitarismustheorie stellt den Versuch dar, einen klassifizierenden Vergleich von Sowjetkommunismus und Faschismus herzustellen, beispielhaft ausformuliert im Buch des deutschen Emigranten C. J. Friedrich: Totalitäre Diktatur (1956):

Totalitär sollen Regime nur dann genannt werden, wenn folgende typologischen Merkmale erfüllt sind:

(1) eine Ideologie, die alle Bereiche des menschlichen Lebens umfasst, einen Endzustand der Menschheit proklamiert, die bestehende Gesellschaft dagegen radikal verwirft,

(2) eine hierarisch und oligarchisch aufgebaute Massenpartei, die in der Regel von einem Mann geleitet wird und nur ca. 10 % der Gesamtbevölkerung umfasst und der Bürokratie übergeordnet oder mit ihr verflochten ist,

(3) ein Terrorsystem, das sich auch gegen potenzielle, willkürlich ausgewählte Feinde richtet (z. B. Juden und „Klassenfeinde"),

(4) ein technologisch bedingtes nahezu vollständiges Nachrichtenmonopol,

(5) ein Waffenmonopol

sowie

(6) eine Wirtschaft, die einer zentralen Kontrolle unterworfen ist und auch als „Befehlswirtschaft" bezeichnet werden kann.

W. Wippermann, Faschismustheorien, Darmstadt 1972, S. 70 f.

M3 Karikatur von F. Behrendt, 9.10.1996

M4 Zwei „deutsche" Diktaturen im 20. Jahrhundert?

Der britische Historiker Richard J. Evans hebt den sowjetkommunistischen Charakter der SED-Diktatur hervor:

Die Diktatur der SED, die Herrschaft von Walter Ulbricht und Erich Honecker, war also in erster Linie keine deutsche Diktatur, sondern eine einem Teil Deutschlands oktroyierte Diktatur der sowjetischen Besatzungsmacht. Sie dauerte über 40 Jahre an, weil die Sowjetunion faktisch das Land weiterhin besetzt hielt, und sie ging deshalb zugrunde, weil die Sowjetunion unter Gorbatschow es für nicht mehr möglich oder ratsam hielt, die Besetzung aufrechtzuerhalten. [...]

Wenn wir diesen Thesen zustimmen, liegt es sehr nahe, die DDR nicht in erster Linie mit dem nationalsozialistischen Deutschen Reich zu vergleichen, sondern mit den anderen, zur gleichen Zeit von der Sowjetunion beherrschten Ländern Ostmitteleuropas, zum Beispiel mit Polen, Ungarn, Rumänien oder der Tschechoslowakei. [...]

Unterschiede wie Gemeinsamkeiten bleiben ein wichtiges Forschungsthema für die vergleichende Geschichtswissenschaft. Drei große Unterschiede ragen schon auf den ersten Blick heraus. Zum einen schien die DDR-Gesellschaft nach 1953 wesentlich stabiler zu sein als andere Gesellschaftsordnungen im Ostblock, etwa in Polen oder in der Tschechoslowakei. Das Oppositionspotenzial der Bevölkerung wurde dadurch vernichtet, dass diejenigen Gruppen, vor allem aus dem Mittelstand und Bürgertum, die dem SED-Regime gegenüber am negativsten eingestellt waren, in Richtung Westen abwanderten. Deswegen war es schon vor dem Mauerbau 1961 denjenigen, die in der DDR geblieben und fast per definitionem mehr oder weniger kompromissbereit waren, möglich, eine relativ gute Karriere zu machen; die Eliten, die den Weg nach oben blockiert hätten, standen ihnen nicht mehr im Wege. Dreißig Jahre später, als die neuen Eliten den Weg für die jüngere Generation versperrten, gab es ein starkes Anwachsen der sozialen und wirtschaftlichen Unzufriedenheit dieser neuen Generationen, denen eine positive Zukunftsperspektive fast gänzlich fehlte. Es bedurfte allerdings des Rückzugs der Sowjetunion, bis diese Unzufriedenheit einen politischen Ausdruck finden und etwas bewirken konnte.

Der zweite Unterschied ist ebenfalls ein gravierender. Die anderen Ostblockstaaten stellten im Gegensatz zur DDR die Fortführung schon etablierter historischer Nationen späteren oder früheren Datums dar, wenn auch mit unterschiedlichen geschichtlichen Erfahrungen. Den weit verbreiteten Wunsch nach Auswanderung und die Möglichkeit dazu gab es weder in Polen oder Ungarn noch in der Tschechoslowakei. Politische Instabilität und wiederholte, aber letztendlich vergebliche Demokratisierungsversuche waren die Folge.

Eine dritte wichtige Besonderheit der DDR lag darin, dass sie zunehmend Schwierigkeiten hatte, sich gegenüber der immer stärkeren Anziehungskraft der Bundesrepublik als dem eigentlichen deutschen Nationalstaat zu legitimieren. In den Anfangsjahren war es idealistischen und „progressiven" jungen Deutschen noch möglich, in der DDR den wahren Vertreter des Antifaschismus zu sehen – im Gegensatz zur Bundesrepublik, wo der Versuch, eine politische und soziale Demokratie aufzubauen, welche die historische Erbschaft des Nationalsozialismus deutlich überwinden sollte, eher zögerlich zu bleiben schien.

Aber die idealistische Identifikation der DDR mit dem Antifaschismus verschwand in dem Maße, in dem sich ein demokratisches Bewusstsein und eine offene und kritische Auseinandersetzung mit der nationalsozialistischen Vergangenheit in der politischen Kultur der Bundesrepublik verankerte. Die politische Verkalkung der DDR-Führung, die in den Achtzigerjahren zur Gerontokratie[1] geronnen war, und die hartnäckige Weigerung der Sowjetunion sowohl 1953 als auch danach, demokratische Reformen in der DDR zu dulden, unterminierten und zerstörten schließlich die Hoffnung, dass die DDR sich als Hort antifaschistischer Werte, der Freiheit und der Gerechtigkeit etablieren könnte. Der Legitimationsverlust nicht nur des SED-Regimes, sondern der DDR als selbstständiger Staat wurde immer stärker. Schließlich konnte die DDR dem Einfluss und dem ständigen Beispiel des mächtigen westlichen Nachbarn nicht entkommen. Der Rückhalt des SED-Staates in der DDR-Bevölkerung war nie sehr tief; schon lange vor seinem Ende begann er zu schrumpfen, bevor er schließlich ganz verschwand.

1 Gerontokratie: Herrschaft der Alten

Aus: ApuZ, Nr. 1–2/2005, S. 4 ff.

M 5 Karikatur, Der Spiegel 8/1990

M 6 Honeckers Weisheiten, Karikatur von Peter Leger, 1988

"Von Glasnost nichts sehen" / "Von Pertrojka nichts hören" / "...aber reden!"

"Im Grunde genommen haben wir einen höheren Lebensstandard als in der BRD"

M 7 „Stell' dich nicht so an! Übung macht den Meister!", Karikatur R. Henn, 1990

Register

Andropow, Juri Wladimirowitsch 25
Aprilthesen 28 f., 32
Arbeiterklasse s. Proletariat
Arbeitslager 24, 34 f., 38
Ausreiseanträge 60

Bastille 8, 20 f., 71
Bauern, Bauernschaft 26–31, 44
„Befreiungskriege" 11, 15, 18, 45
Berliner Mauer 61 f., 66, 68 f., 71, 75, 78
Bolschewiki, Bolschewisten, Bolschewismus 23, 25, 27, 29 f., 32, 34, 37 ff., 45
Bonaparte, Napoleon 9–18
Bourgeoisie 28, 38, 46
Brandt, Willi 61
BRD, Bundesrepublik Deutschland 56, 60 f., 65 ff., 70 f., 73, 75, 78
Breschnew-Doktrin 25, 60
Breschnew, Leonid 25, 50
Bundestag s. Deutscher Bundestag
Bündnis 90/Die Grünen 66
Bürgerkrieg 25, 44

CDU, Christlich Demokratische Union Deutschlands 57, 62
Chruschtschow, Nikita 25, 49, 53, 61
Code Civil 9, 14 ff.
Code Napoléon s. Code Civil

DA, „Demokratischer Aufbruch" 61
DDR, Deutsche Demokratische Republik 25, 49, 55 ff., 60–73, 75 ff.
Demokratie 67, 70 ff., 74, 78
Deutsche Einheit s. Wiedervereinigung
„Deutsche Frage" 68
Deutscher Bundestag 67
Deutsches Reich s. „Drittes Reich"
Diktatur 38, 43 f., 71, 75 ff.
Diktatur des Proletariats 23, 46, 71
DJ, „Demokratie Jetzt" 60 f.
„Drittes Reich" 75, 77
Duma 26

Einheitsliste 56 f.
Engels, Friedrich 37, 43, 46

Faschismus 36, 75 f.
FDJ, Freie Deutsche Jugend 57 f.
Februarrevolution 23, 25
Französische Revolution 6 ff., 10 ff., 14 f., 17 ff.

Glasnost 25, 63
Gorbatschow, Michail 25, 60 ff., 68 f., 77
Grüne s. Bündnis 90/Die Grünen
GUS, Gemeinschaft unabhängiger Staaten 25

Herzog, Roman 70 f.
Hitler, Adolf 32, 43, 45, 75 f.
Hitler-Stalin-Pakt 25
Honecker, Erich 61, 63 f., 69, 76 f., 79

IM, Inoffizieller Mitarbeiter 59 f.

Jakobiner 10, 20
Jelzin, Boris 25

Kalter Krieg 45, 52 f., 75 f.
Kohl, Helmut 62, 69
Kommunismus, Kommunisten 25, 35, 37, 42 ff., 47 f., 50, 76
Konferenz von Jalta 25
Kontinentalsperre 14, 16, 18
Konzentrationslager 24, 34, 38
KPD 45
KPdSU, Kommunistische Partei der Sowjetunion 25, 51 f., 55
Krenz, Egon 61, 64, 69
KSZE, Konferenz über Sicherheit und Zusammenarbeit in Europa 68
Kuba-Krise 25, 45, 49, 52
Kulturrevolution 39

Lafontaine, Oskar 66
Lenin, Wladimir Iljitsch; Leninismus 25, 28–34, 36 f., 39, 42 f., 47, 57

Marie-Louise von Österreich 11
Marxismus 30 f., 39, 45
Marxismus-Leninismus 24, 37, 46, 57
Marx, Karl 37, 43, 46
Mauer, Mauerbau, -öffnung s. Berliner Mauer
MfS, Ministerium fürs Staatssicherheit 58 ff., 63
Mitterrand, François 8
Montagsdemonstrationen 61 f.

Napoleon s. Bonaparte, Napoleon
Nationale Front 55 ff.
Nationalsozialismus 23, 38, 75 f., 78
NATO, North Atlantic Treaty Organization 49, 61 f., 68
„Neues Forum" 60

Oktoberrevolution 23, 25, 37 f., 45
Ostverträge 61
Ost-West-Konflikt s. Kalter Krieg

Parlamentarismus 56
Perestroika 25, 60, 63, 69
Politbüro 56
Prager Frühling 25, 40
Proletariat 23, 27 f., 31, 45 ff., 55, 58
Provisorische Regierung 23, 28 f.

Räte s. Sowjets
Republikflucht 61
Robespierre, Maximilien de 10, 21

Säuberungen, Säuberungsaktionen 25, 38, 47, 53
Schabowski, Günter 69
Schmidt, Helmut 60 f.
SED, Sozialistische Einheitspartei Deutschlands 55 ff., 60 ff., 69, 75 ff.
Selbstkrönung 11
Siegermächte 62
Sowjet(s) 23, 28 f., 63
Sowjetunion 23 ff., 28, 31, 34, 36 f., 40, 42, 44–50, 53, 58, 60, 62 f., 69, 76 ff.
Soziale Marktwirtschaft 66
Sozialismus 28 ff., 36, 45, 47, 51 f., 58, 60, 63
SPD, Sozialdemokratische Partei Deutschlands 61, 66
Staatsvertrag 66
Stalin, Jossif Wissarionowitsch (J. W. Dschugaschwili); Stalinismus 23 ff., 29, 32 f., 36–44, 47, 53, 63, 65
Stoph, Willi 56, 61

Totalitarismustheorie 75 f.
Trotzki, Leo (L.D. Bronstein) 25, 29, 33, 36 f.
Tscheka 23, 37 ff.
Tschernenko, Konstantin 25

UdSSR 25, 35, 42, 45, 47 ff.
Ulbricht, Walter 58, 76 f.
UNO, Organisation der Vereinten Nationen 61

Vernichtungslager 76
Versailler Vertrag 70
Viermächteabkommen 49, 61
Volkskammer 55 f., 62, 67

Warschauer Pakt 25, 46, 49, 61
Weimarer
 – Demokratie 76
 – Republik 70
Weizsäcker, Richard von 68
Wiedervereinigung 60, 62, 65 ff., 71 ff.
Wiener Kongress 15

Zar(en) 23, 25 f., 42
Zar Nikolaus 26
Zar Peter der Große 42 f.
Zensur 41 f., 48
Zivilehe 16
Zwangskollektivierung 24
Zweiter Weltkrieg 43, 45, 48, 53, 69, 76